践行中国式现代化
行动与愿景

杨宜勇 欧阳慧 等◎著

中国市场出版社
China Market Press
·北京·

图书在版编目（CIP）数据

践行中国式现代化：行动与愿景 / 杨宜勇 等著.
—北京：中国市场出版社有限公司，2024.1
ISBN 978-7-5092-2454-0

Ⅰ.①践… Ⅱ.①杨… Ⅲ.①现代化建设—研究—中国 Ⅳ.①D61

中国版本图书馆CIP数据核字（2023）第131361号

践行中国式现代化：行动与愿景
JIANXING ZHONGGUOSHI XIANDAIHUA:XINGDONG YU YUANJING

著　　者：杨宜勇　欧阳慧　等
责任编辑：晋璧东（874911015@qq.com）
出版发行：中国市场出版社
社　　址：北京市西城区月坛北小街2号院3号楼（100837）
电　　话：（010）68033539/68036672/68020336
经　　销：新华书店
印　　刷：河北鑫兆源印刷有限公司

成品尺寸：170mm×240mm	开　本：16
印　张：17.5	字　数：240千
图　数：9	表　数：9
版　次：2024年1月第1版	印　次：2024年1月第1次印刷
书　号：ISBN 978-7-5092-2454-0	
定　价：92.00元	

版权所有　侵权必究　　　印装差错　负责调换

代 序

践行中国式现代化

主动学习，勇于担当。学习宣传贯彻党的二十大精神，是当前和今后一个时期全党全国的首要政治任务，也是作为国家高端智库必须担负起的重大政治责任，中国宏观经济研究院市场与价格所（以下简称市场所）要以强烈的政治责任感和历史使命感，切实抓好抓实大会精神的学习宣传贯彻。我们既要做好党的二十大精神的相关解读工作，又要把党的二十大精神贯穿到中国市场建设和价格监管的现代化过程中去。

欣逢盛世，当不负盛世。党的二十大是在全党全国各族人民迈上全面建设社会主义现代化国家新征程、向第二个百年奋斗目标进军的关键时刻召开的一次十分重要的大会。大会高举旗帜、凝聚力量、团结奋进，取得了丰硕的政治成果、理论成果、实践成果，对于激励动员全党全国各族人民踔厉奋发、勇毅前行，为全面建设社会主义现代化国家、全面推进中华民族伟大复兴而团结奋斗，具有重大现实意义和深远历史意义。

桃李不言，下自成蹊。党的十八大以来，以习近平同志为核

践行中国式现代化
行动与愿景

心的党中央统筹中华民族伟大复兴战略全局和世界百年未有之大变局，采取一系列战略性举措，推进一系列变革性实践，实现一系列突破性进展，取得一系列标志性成果，党和国家事业取得历史性成就、发生历史性变革。新时代伟大成就的取得，根本在于以习近平同志为核心的党中央坚强领导，在于习近平新时代中国特色社会主义思想科学指引。我们要提高政治判断力、政治领悟力、政治执行力，更加自觉地维护习近平总书记党中央的核心、全党的核心地位，更加自觉地维护以习近平同志为核心的党中央权威和集中统一领导，坚定不移在思想上政治上行动上同以习近平同志为核心的党中央保持高度一致。

雷厉风行，真抓实干。2022年12月7日，学习贯彻党的二十大精神中央宣讲团报告会在国家发展改革委举行。中央宣讲团成员、中共中央政治局委员、国家发展改革委党组书记何立峰作报告。主会场和各分会场1000多名党员干部参加。报告会上，何立峰同志从深刻领会党的二十大精神核心要义、深刻领悟"两个确立"的决定性意义、牢牢把握中国式现代化的目标要求和重点任务等方面，进行了系统宣讲和阐述。他表示，"两个确立"是新时代十年伟大变革的决定性因素，是应对今后严峻复杂环境的必然要求。要坚定不移把学习宣传贯彻党的二十大精神作为当前和今后一个时期首要政治任务，更加紧密团结在以习近平同志为核心的党中央周围，深刻领悟"两个确立"的决定性意义，全面贯彻习近平新时代中国特色社会主义思想，深刻领会中国式现代化的科学内涵、中国特色和本质要求，准确把握前进道路上的重大原则，认真落实党的二十大作出的重大部署，扎实做好发展改革工作，努力为以中国式现代化全面推进中华民族伟大复兴作出新的贡献。

胸怀整体，准确切入。中国式现代化建设是党的二十大报告的重要内容之一。习近平总书记在学习贯彻党的二十大精神研讨班开班式上发表重要讲话强调，"中国式现代化既有各国现代化的共同特征，更有基于自己国情的鲜明特色""党的领导决定中国式现代化的根本性质"。中国式现代化是以马克思主义为指导、中国共产党领导的社会主义现代化，有着社会主义特质、独立自主特性和文明古国特征的现代化发展过程，具有独立性、自主性、内生性和创新性的综合特征，区别于其他发展中国家和社会主义国家的现代化，更区别于西方式现代化，是一种原创性的新型现代化。市场所党支部组织全体党员和职工集体深入学习宣传贯彻党的二十大精神，关键在于着重把握三个方面：一要深刻领悟"两个确立"的决定性意义，二要坚定不移推进中国式现代化这一中心任务，三要发扬斗争精神、提高斗争本领。

牢牢把握，乘风破浪。习近平总书记说，党的二十大报告进一步指明了党和国家事业的前进方向，是我们党团结带领全国各族人民在新时代新征程坚持和发展中国特色社会主义的政治宣言和行动纲领。学习贯彻党的二十大精神，要牢牢把握过去5年工作和新时代10年伟大变革的重大意义，牢牢把握新时代中国特色社会主义思想的世界观和方法论，牢牢把握以中国式现代化推进中华民族伟大复兴的使命任务，牢牢把握以伟大自我革命引领伟大社会革命的重要要求，牢牢把握团结奋斗的时代要求。全党全国各族人民要在党的旗帜下团结成"一块坚硬的钢铁"，心往一处想、劲往一处使，推动中华民族伟大复兴号巨轮乘风破浪、扬帆远航。

持之以恒，精进不休。学习宣传贯彻党的二十大精神是当前和今后一个时期全党全国的首要政治任务，各单位各部门一定要切实把思想和行动统一到大会精神上来，把智慧和力量凝聚到实现大会确定的各项目标任务上来。要扎实开展学习培训，精心组织宣传宣讲，牢牢把握方向导向，坚决抓好任务落实，以实际工作成效为推动全党全社会学习贯彻党的二十大精神、实现党的二十大确定的目标任务作出贡献。

杨宜勇

写于北京市西城区国宏大厦

2023年2月28日

目 录

第一章 新时代全面深化改革的变革性实践和突破性进展 / 1
    一、全面深化改革的变革性实践：主动设计引领 / 5
    二、全面深化改革的突破性进展：普遍落地开花 / 11
    三、全面深化改革永远在路上：争当改革先锋 / 20

第二章 如何理解和把握"平稳转段"的重要意义 / 23
    一、"平稳转段"是优化调整疫情防控政策的客观要求 / 27
    二、只有加强统筹衔接才能实现"平稳转段" / 31
    三、依靠有序组织实施，顺利渡过流行期 / 34
    四、"平稳转段"有利于健康中国建设 / 37
    五、"平稳转段"有利于促进社会稳定 / 40
    六、实现"平稳转段"关键在各级领导干部 / 43

第三章 全面推进中国式现代化体系建设 / 47
    一、中国式现代化是中国共产党领导的社会主义现代化 / 50
    二、中国式现代化是一个全方位的现代化 / 52
    三、构建中国式现代化体系的对策建议 / 64
    四、结语 / 77

第四章 新时代推进共同富裕建设评价指标体系研究 / 83

　　一、构建新时代共同富裕指标体系的重要意义 / 86

　　二、构建新时代共同富裕指标体系的基本原则 / 87

　　三、新时代共同富裕指标体系的遴选过程 / 89

　　四、新时代共同富裕指标体系的数据来源 / 91

　　五、新时代共同富裕指标的权重测算 / 92

　　六、新时代共同富裕指标体系的指数合成 / 96

　　七、我国共同富裕现状及变化趋势 / 97

　　八、客观看待共同富裕的省际差异 / 99

　　九、关于测量共同富裕的主要结论与讨论 / 104

第五章 促进共同富裕的总体部署和重大举措
　　　　——基于缩小城乡差距、区域差距的视角 / 107

　　一、城乡区域视角下共同富裕的内涵与要求 / 110

　　二、党的十八大以来城乡区域差距视角下
　　　　共同富裕所取得的成果 / 114

　　三、面向2035年，城乡区域差距视角下推动
　　　　共同富裕亟待解决的问题 / 122

　　四、促进共同富裕的总体部署：
　　　　"三步走、城市群先行示范、五向发力" / 126

　　五、基于缩小城乡差距、区域差距的视角促进
　　　　共同富裕的重大举措 / 129

目 录

第六章 促进共同富裕要发挥好个人所得税调节作用 / 141

一、税收制度、个人所得税促进共同富裕实现的内生机理 / 146

二、党的十八大以来个人所得税改革的成果 / 150

三、个人所得税制度在实现共同富裕方面存在的不足 / 152

四、优化个人所得税制度,促进共同富裕实现 / 160

第七章 促进公平竞争激发经济活力 / 169

一、习近平总书记关于公平竞争的重要论述 / 172

二、公平竞争制度是社会主义市场经济的基础性制度 / 179

三、促进公平竞争需要发挥政府和市场两方面作用 / 183

四、促进公平竞争需要重点做好四方面工作 / 187

第八章 构建和完善适应中国式现代化要求的经济基础制度 / 195

一、坚持和完善社会主义基本经济制度 / 198

二、构建和优化四大市场经济基础制度 / 202

三、建立健全四个重点领域基础性制度 / 205

四、统筹推进基础制度建设和制度型开放 / 208

第九章 深入推进价格规制体系现代化 / 213

一、推进价格规制体系现代化的重大意义 / 216

二、推进价格规制体系现代化的总体思路 / 219

三、推进价格规制体系现代化的重点任务 / 225

第十章　建设高标准市场体系 / 231

　　一、建设高标准市场体系的重要意义 / 234

　　二、高标准市场体系的内涵与特征 / 236

　　三、面向2035年市场体系发展的新趋势与新要求 / 240

　　四、建设高标准市场体系的重大举措 / 246

第十一章　以构建完善数字经济公平竞争基础制度
　　　　　全面激发我国数字经济发展的澎湃动能 / 257

　　一、构建完善数字经济公平竞争基础制度的重大意义 / 261

　　二、构建完善数字经济公平竞争基础制度需坚持系统观念
　　　　和问题导向，统筹平衡好五组关系 / 264

　　三、构建完善数字经济公平竞争基础制度的关键着力点 / 267

第一章 新时代全面深化改革的变革性实践和突破性进展

杨宜勇

内容提要：新时代全面深化改革的变革性实践和突破性进展是在习近平新时代中国特色社会主义思想指导下取得的，是党带领全国各族人民共同奋斗取得的，是中国特色社会主义现代化建设和中华民族伟大复兴的重要里程碑。全面深化改革的变革性实践既不是随心所欲，也不是无心插柳，而是通过顶层设计、制度完善、依法实施的全链条演进。突破性进展既体现了全面深化改革总体设计的落实成果，也体现了全面深化改革的实际效果。我国全面深化改革的突破性进展具体表现在经济体制、政治体制、文化体制、社会体制、生态文明体制和党的建设制度改革等方方面面，是全面深化改革的变革性实践的客观证明。

关键词：新时代；全面深化改革；变革性实践；突破性进展；顶层设计

践行中国式现代化
行动与愿景

党的十八大以来，中国特色社会主义发展进入了一个新时代。"四个全面"战略布局是以习近平同志为核心的党中央治国理政战略思想创新的重要内容，不仅饱含着马克思主义的立场、观点、方法，而且闪耀着马克思主义与中国当下实际相结合的思想光辉。"四个全面"即"协调推进全面建设社会主义现代化国家、全面深化改革、全面依法治国、全面从严治党的战略布局"。全面深化改革的总目标就是进一步完善和发展中国特色社会主义制度，完备推进国家治理体系和治理能力现代化。因此，我们必须更加注重全面深化改革的系统性、整体性、协同性，加快发展社会主义市场经济、民主政治、先进文化、和谐社会、生态文明，让一切劳动、知识、技术、管理、资本、数据要素的活力竞相迸发，让一切创造社会财富的源泉充分涌流，让高质量发展成果更多更公平惠及全体人民。全面深化改革重在全面推进，锐在日益深化。党的十八大以来，以习近平同志为核心的党中央不遗余力地推动改革全面发力、多点突破、步步生风、纵深推进、效果显著，全力构建服务型政府、开放型体制，各大改革领域基础性制度框架基本确立，许多改革领域实现历史性变革、系统性重塑、整体性重构，带动经济社会发展活力大幅提升、动力持续释放、民生稳步改善、文化积极向上、生态不断好转。

一、全面深化改革的变革性实践：主动设计引领

当中国的改革进入攻坚期和深水区时，习近平总书记的表态振聋发聩："改革关头勇者胜，我们将以敢于啃硬骨头、敢于涉险滩的决心，义无反顾推进改革。"变革性实践是全面深化改革的鲜明时代特征。全面深化改革的变革性实践既不是随心所欲，也不是无心插柳，而是通过顶层设计、制度完善、依法实施的全链条演进。其中凝聚了全党的智慧，获得了全体人民的支持，与全党的努力和全体人民的共同奋斗是密不可分的。因此，我国变革性实践是以制度性变革为基本前提的，这不仅决定了变革性实践的根本性方向，而且决定了变革性实践的推进路径。

（一）准确赋予新时代全面深化改革的重大意义

从深入推进经济体制改革到全面深化改革是一次历史性的大飞跃，这个大飞跃是习近平总书记带领我们设计和实施的。"新时代坚持和发展中国特色社会主义，根本动力仍然是全面深化改革。"党的十八大以来，习近平总书记围绕全面深化改革发表了一系列重要论述，这是习近平新时代中国特色社会主义思想的重要组成部分，引领我国全面深化改革的变革性实践深入推

进。2012年11月15日，刚刚当选中共中央总书记的习近平面对中外记者宣示，"继续解放思想，坚持改革开放，不断解放和发展社会生产力"。紧接着在第一次赴地方考察调研的广东之行中，习近平总书记深刻指出："改革开放是决定当代中国命运的关键一招，也是决定实现'两个一百年'奋斗目标、实现中华民族伟大复兴的关键一招。"只有社会主义才能救中国，只有改革开放才能发展中国、发展社会主义、发展马克思主义。从中国历史、现实、未来发展的角度来看，在整个社会主义现代化的历史进程中，全体中国人民都要高举改革开放的旗帜，义无反顾地坚持下去，决不能有丝毫的动摇。全面深化改革是解决中国所有现实问题的根本途径。中国的全面深化改革是由实际问题倒逼而产生的，又在不断解决实际问题的过程中得以深化。当前中国发展还面临一系列突出矛盾和挑战，前进道路上还有不少困难和问题。特别是伴随中国特色社会主义进入新时代，我国社会主要矛盾已经转化为人民日益增长的美好生活需要和不平衡不充分的发展之间的矛盾。破解新时代发展中面临的重大难题，化解来自各方面的风险挑战，推动经济社会持续健康发展，必须依靠全面深化改革。

（二）系统谋划全面深化改革总体布局

不谋全局者，不足以谋一域。2013年11月，党的十八届三中全会在北京胜利召开，由习近平总书记亲自主持起草的《中共中央关于全面深化改革若干重大问题的决定》顺利通过,从而开启了全面深化改革、系统整体设计推进改革的新时代。这次全会提出了全面深化改革的指导思想、目标任务、重大原则,确定了全面深化改革的总目标、战略重点、优先顺序、主攻方向、工作机制、推进方式和时间表、路线图,汇集了全面深化改革的新思想、新论断、新举措,形成了改革理论和政策的一系列重大突破,是我们党在新的历史起点上全面深化改革的科学指南和行动纲领。党的十八届三中全会是划时代的,实现了改革由局部探索、破冰突围到系统集成、全面深化的转变,开创了我国改革开放新局面。全面深化改革必须坚持社会主义市场经济改革方向,以促进社会公平正义、增进人民福祉为出发点和落脚点,进一步解放思想、解放和发展社会生产力、解放和增强社会活力,坚决破除各方面体制机制弊端,努力开拓中国特色社会主义事业更加广阔的前景。党的十八大以来,以习近平同志为核心的党中央不断推动全面深化改革向广度和深度进军,一系列重大改革扎实推进,改革任务基本完成,改革主体框架基本确立,中国特色社会主义制度更加成熟更加定型,国家治理体系和治理能力现代化水平不断提高,党和国家事业焕发出新的生机活力。

(三)全面深化改革要做到四个坚持

全面深化改革必须运用好新时代中国特色社会主义思想的世界观和方法论。我们要增强问题意识,聚焦实践中遇到的新问题、改革发展稳定中存在的深层次问题、人民群众急难愁盼问题、国际变局中的重大问题、党的建设中所面临的突出问题，不断提出真正解决问题的新理念新思路新办法。

新时代在全面深化改革中，习近平总书记要求我们务必做好四个坚持：一要坚持党的领导，贯彻党的基本路线，不走封闭僵化的老路，不走改旗易帜的邪路，坚定走中国特色社会主义道路，始终确保全面深化改革的正确方向。二要坚持解放思想、实事求是、与时俱进、求真务实，一切从实际出发，总结国内成功做法，借鉴国外有益经验，在全面深化改革过程中勇于推进理论和实践创新。三要坚持以人为本，尊重人民主体地位，发挥群众首创精神，紧紧依靠人民推动全面深化改革，促进人的全面发展。四要坚持正确处理改革发展稳定关系，胆子要大、步子要稳，加强顶层设计和摸着石头过河相结合，整体推进和重点突破相促进，提高全面深化改革决策科学性，广泛凝聚共识，形成改革合力。

（四）把新发展理念贯穿全面深化改革全过程

全面深化改革，是推进建设中国特色社会主义事业"五位一体"总体布局的重要举措。全面深化改革，必须立足于我国长期处于社会主义初级阶段这个最大实际，坚持发展仍是解决我国所有问题的关键。发展理念是发展实践的先导，新发展理念就是指挥棒、红绿灯。以新理念引领新发展，不能只停留在口头上、止步于思想环节，而要体现在经济社会发展的整体实践之中。以创新、协调、绿色、开放、共享五大发展理念为指引，加大全面深化改革力度，形成有利于落实新发展理念的体制机制，既是践行新发展理念的必然要求，又是全面深化改革事业深入推进的必由之路。

党的十八大以来，以习近平同志为核心的党中央迎难而上、知难而进，坚定不移全面深化改革，夯基垒台、立柱架梁，全面深化改革的主体框架基本确立，并且明确全面深化改革的重点是经济体制改革，经济体制改革的核心问题是处理好政府和市场的关系，使市场在资源配置中起决定性作用和更好发挥政府作用。特别是党的十八届三中全会以来，全面深化改革的大格局、大脉络日益清晰，经济体制、政治体制、文化体制、社会体制、生态文明体制和党的建设制度改革全面发力，全面深化改革的系统推进使新时代中国特色社会主义建设迈上新台阶、开拓了新境界、取得了新成就。发展理念是一个整体，我们在贯彻落实中要完整把握、准确理解、全面落实。只有把新发展理念贯彻到全面深化改革的全过程和各领域，唯其如此才能心怀国之大者，推动中国特色社会主义现代化建设劈波斩浪，扬帆远航。

（五）让改革发展成果更多更公平惠及全体人民

在全面深化改革中，我们始终站稳人民立场、把握人民愿望、尊重人民创造、集中人民智慧，不断实现发展为了人民、发展依靠人民、发展成果由人民共享，让现代化建设成果更多更公平惠及全体人民。只有坚持全面深化改革，经济才能持续发展，改善民生才能根基牢靠。党和政府坚持在发展基础上加强社会保障制度建设，促进经济社会的协调发展。党的十八大以来，以习近平同志为核心的党中央把保障和改善民生作为发展经济的根本目的，把增进人民福祉、促进人的全面发展作为工作的出发点和落脚点，始终坚持发展为了人民、发展依靠人民、发展成果由人民共享。伴随着全面深化改革，经济进入高质量发展、综合国力和公共财力不断增强，我国建成了世界上规模最大、覆盖人数最多的社会保障体系，制度更加成熟定型，待遇水平稳步提高，人民群众的获得感、幸福感、安全感显著增强。总而言之，在"四个全面"协同推进过程中，我们党始终坚持把人民放在心中最高位置的根本立场，始终把保障和改善民生作为发展的中心任务。

二、全面深化改革的突破性进展：普遍落地开花

面对全面深化改革的复杂性、艰巨性和迫切性，习近平总书记亲自挂帅担任中央全面深化改革领导小组组长，从制定工作规则到设立专项小组、从审议改革方案到听取改革进展汇报、从部署改革任务到指引改革方法，他始终总揽全局、统筹谋划，坚定指引改革航程。党的十九大将"全面深化改革"列入新时代坚持和发展中国特色社会主义的基本方略，明确为习近平新时代中国特色社会主义思想的重要内容。党的十九届四中全会专门研究坚持和完善中国特色社会主义制度、推进国家治理体系和治理能力现代化并作出决定，描绘中国特色社会主义的制度图谱。党的十九届六中全会通过的《中共中央关于党的百年奋斗重大成就和历史经验的决议》，用"十个明确"概括习近平新时代中国特色社会主义思想的核心内涵，其中之一即"明确全面深化改革总目标是完善和发展中国特色社会主义制度、推进国家治理体系和治理能力现代化"。

突破性进展是全面深化改革的必然结果。我国全面深化改革的突破性进展具体表现在经济体制、政治体制、文化体制、社会体制、生态文明体制和党的建设制度改革等方方面面，是全面深

化改革的变革性实践的客观证明。突破性进展既体现了全面深化改革总体设计的落实成果，也体现了全面深化改革的实际效果。

（一）全面深化政治体制改革

习近平总书记指出："正确的道路从哪里来？从群众中来。我们要眼睛向下，把顶层设计同问计于民统一起来。"新时代的十多年，我们聚焦坚持党的领导、人民当家作主、依法治国有机统一，深化政治体制改革，加快推进社会主义民主政治制度化、规范化、程序化，建设社会主义法治国家，切实发展了更加广泛、更加充分、更加健全的人民民主。

首先，通过发展社会主义民主政治，以保证人民当家作主为根本，坚持和完善人民代表大会制度、中国共产党领导的多党合作和政治协商制度、民族区域自治制度以及基层群众自治制度，更加注重健全民主制度、丰富民主形式，从各层次各领域扩大公民有序政治参与，充分发挥我国社会主义政治制度优越性。

其次，通过建设法治中国，必须坚持依法治国、依法执政、依法行政共同推进，坚持法治国家、法治政府、法治社会一体建设。深化司法体制改革，加快建设公正高效权威的社会主义司法制度，维护人民权益，让人民群众在每一个司法案件中都感受到公平正义。

最后，通过坚持用制度管权管事管人，让人民监督权力，让权力在阳光下运行，是把权力关进制度笼子的根本之策。必须构建决策科学、执行坚决、监督有力的权力运行体系，健全惩治和预防腐败体系，建设廉洁政治，努力实现干部清正、政府清廉、政治清明。

总而言之，我们始终坚持中国特色社会主义政治发展道路，不断深化政治体制改革，健全人民当家作主制度体系，扩大人民有序政治参与，有利于保证人民依法实行民主选举、民主协商、民主决策、民主管理、民主监督，有利于发挥人民群众积极性、主动性、创造性，有利于巩固和发展生动活泼、安定团结的政治局面。掌握着自己命运的中国人民在改革开放和社会主义现代化建设中展现出了气吞山河的磅礴力量！

（二）全面深化经济体制改革

习近平总书记强调，中国愿同世界各国一道，坚持真正的多边主义，坚持普惠包容、合作共赢，携手共促开放共享的服务经济，为世界经济复苏发展注入动力。新时代的十多年，我们聚焦使市场在资源配置中起决定性作用，深化经济体制改革，坚持和完善基本经济制度，加快完善现代市场体系、宏观调控体系、开放型经济体系，加快转变经济发展方式，加快建设创新型国家，推动经济实现了更有效率、更加公平、更可持续发展。

其一，通过完善公有制为主体、多种所有制经济共同发展的基本经济制度，一方面毫不动摇巩固和发展公有制经济，坚持公有制主体地位，发挥国有经济主导作用，不断增强国有经济活力、控制力、影响力；另一方面毫不动摇鼓励、支持、引导非公有制经济发展，激发非公有制经济活力和创造力。

其二，通过建设统一开放、竞争有序的市场体系，加快形成企业自主经营、公平竞争，消费者自由选择、自主消费，商品和要素自由流动、平等交换的现代市场体系，着力清除市场壁垒，提高资源配置效率和公平性。

其三，通过科学的宏观调控、有效的政府治理，切实转变政府职能，深化行政体制改革，创新行政管理方式，增强政府公信力和执行力，建设法治政府和服务型政府。

其四，通过完善立法、明确事权、改革税制、稳定税负、透明预算、提高效率，建立现代财政制度，发挥中央和地方两个积极性，从而进一步优化资源配置、维护市场统一、促进社会公平、实现国家长治久安。

其五，着力破除城乡二元结构，通过健全城乡发展一体化体制机制，形成以工促农、以城带乡、工农互惠、城乡一体的新型工农城乡关系，让广大农民平等参与现代化进程、共同分享现代化成果。

其六，主动适应经济全球化新形势，通过推动对内对外开放相互促进、引进来和走出去更好结合，促进国际国内要素有序自由流动、资源高效配置、市场深度融合，加快培育参与和引领国际经济合作竞争新优势，以开放促改革。

总而言之，在深化经济体制改革进程中，我们始终坚持以推动高质量发展为主题，把实施扩大内需战略同深化供给侧结构性改革有机结合起来，增强国内大循环的内生动力和可靠性，提升国际循环的质量和水平，加快建设现代化经济体系，着力提高全要素生产率，着力提升产业链供应链的韧性和安全水平，着力推进城乡融合和区域协调发展，推动经济实现了质的有效提升和量的合理增长。

（三）全面深化文化体制改革

习近平总书记强调，创新文化管理体制，是加强和改进党对意识形态工作领导的内在要求，是行政管理体制改革的重要方面，也是深化文化体制改革的重点任务。必须牢牢把握正确方向，建立健全党委领导、政府管理、行业自律、社会监督、企事业单位依法运营的文化管理体制，切实提高文化领域管理效能和服务水平。新时代的十多年，我们聚焦建设社会主义核心价值体系、社会主义文化强国，深化文化体制改革，加快完善文化管理体制和文化生产经营机制，建立健全现代公共文化服务体系、现代文化市场体系，有效推动了社会主义文化大发展大繁荣。通过建设社会主义文化强国，增强国家文化软实力，坚持社会主义先进文化前进方向，坚持中国特色社会主义文化发展道路，培育和践行社会主义核心价值观，巩固马克思主义在意识形态领域的指导地位，巩固全党全国各族人民团结奋斗的共同思想基础。坚持以人民为中心的工作导向，坚持把社会效益放在首位、社会效益和经济效益相统一，以激发全民族文化创造活力为中心环节，进一步深化文化体制改革。文化体制改革始终坚持中国特色社会主义文化发展道路，增强文化自信，围绕举旗帜、聚民心、育新人、兴文化、展形象来建设社会主义文化强国，发展面向现代化、面向世界、面向未来的，民族的科学的大众的社会主义文化，激发全民族文化创新创造活力，增强实现中华民族伟大复兴的精神力量。

总而言之，在深化文化体制改革过程中，既扩大了文化阵地，又坚持了社会主义先进文化的前进方向。由于很好地把握了意识形态属性和产业属性，统筹了社会效益和经济效益的关系，才迎来了文化事业全面繁荣和文化产业高质量发展的崭新局面。

（四）全面深化社会体制改革

习近平总书记强调，我们党推进全面深化改革的根本目的，就是要促进社会公平正义，让改革发展成果更多更公平惠及全体人民。为民造福是立党为公、执政为民的本质要求。新时代的十多年，我们聚焦更好保障和改善民生、促进社会公平正义，深化社会体制改革，改革收入分配制度，促进共同富裕，推进社会领域制度创新，推进基本公共服务均等化，加快形成了科学有效的社会治理体制，确保社会既充满活力又和谐有序。一方面，努力实现发展成果更多更公平惠及全体人民，通过加快社会事业改革，解决好人民最关心最直接最现实的利益问题，努力为社会提供多样化服务，更好满足人民需求。另一方面，积极创新社会治理，通过着眼于维护最广大人民根本利益，最大限度增加和谐因素，增强社会发展活力，提高社会治理水平，全面推进平安中国建设，维护国家安全，确保人民安居乐业、社会安定有序。全面深化社会体制改革紧紧抓住人民最关心最直接最现实的利益问题，坚持尽力而为、量力而行，深入群众、深入基层，采取更多惠民生、暖民心举措，着力解决好人民群众急难愁盼问题，健全基本公共服务体系，提高公共服务水平，增强均衡性和可及性，扎实推进共同富裕。

总而言之，党和国家坚持以人民为中心的发展思想，鼓励共同奋斗创造美好生活，不断实现人民对美好生活的向往，围绕更好保障和改善民生、促进社会公平正义，在户籍管理制度、就业收入分配体制、社会保障和社会治理体制改革方面深入推进、不断发展，成绩巨大。

（五）全面深化生态文明体制改革

习近平总书记强调指出，生态文明建设功在当代、利在千秋。我们要牢固树立社会主义生态文明观，推动形成人与自然和谐发展现代化建设新格局，为保护生态环境作出我们这代人的努力。新时代的十多年，我们聚焦建设美丽中国，深化生态文明体制改革，加快建立生态文明制度，健全国土空间开发、资源节约利用、生态环境保护的体制机制，推动形成了人与自然和谐发展现代化建设新格局。

2015年9月《生态文明体制改革总体方案》（简称《方案》）公布，《方案》明确了生态文明体制的"四梁八柱"，成为生态文明制度体系的顶层设计。统筹推进自然资源资产产权制度改革，建立自然资源统一确权登记制度，积极探索全民所有自然资源资产所有权委托代理机制，建立覆盖土地、矿产等主要门类的自然资源资产有偿使用制度。通过建设生态文明，牢固树立和践行绿水青山就是金山银山的理念，站在人与自然和谐共生的高度谋划发展。努力建立系统完整的生态文明制度体系，实行最严格的源头保护制度、损害赔偿制度、责任追究制度，完善环境治理和生态修复制度，用制度保护生态环境。

总而言之，我们着力推动生态文明体制改革，围绕推进美丽中国建设，坚持山水林田湖草沙一体化保护和系统治理，统筹产业结构调整、污染治理、生态保护、应对气候变化，协同推进降碳、减污、扩绿、增长，推进生态优先、节约集约、绿色低碳发展。通过加强科技创新和信息化建设，生态文明治理体系和治理能力现代化水平得到了普遍提升。

（六）全面深化党的建设制度改革

习近平总书记说："只要我们始终不忘党的性质宗旨，勇于直面自身存在的问题，以刮骨疗毒的决心和意志消除一切损害党的先进性和纯洁性的因素，就能够形成党长期执政条件下实现自我净化、自我完善、自我革新、自我提高的有效途径。"新时代的十多年，我们聚焦提高科学执政、民主执政、依法执政水平，深化党的建设制度改革，加强民主集中制建设，完善党的领导体制和执政方式，保持党的先进性和纯洁性，为改革开放和社会主义现代化建设提供了坚强政治保证。

党的建设制度改革紧紧围绕坚持党的领导、加强党的建设、全面从严治党，一手抓改革文件出台，一手抓改革举措落实，突出重点、突破难点、深化试点，制定实施了一批力度大、措施实、接地气的改革举措，形成党的组织制度、干部人事制度、基层组织建设制度、人才发展体制机制改革齐头并进、互相支撑的良好态势，为推进党的建设和组织工作注入强大动力。我们积极落实新时代党的建设总要求，健全全面从严治党体系，全面推进党的自我净化、自我完善、自我革新、自我提高，使我们党坚守初心使命，始终成为中国特色社会主义事业的坚强领导核心。

总而言之，我们通过加强和改善党的领导，充分发挥党总揽全局、协调各方的领导核心作用，建设学习型、服务型、创新型的马克思主义执政党，提高党的领导水平和执政能力，确保全面深化改革取得成功。

三、全面深化改革永远在路上：争当改革先锋

唯改革者进，唯创新者强，唯改革创新者胜。全面深化改革只有进行时，没有休止符。2022年全年，习近平总书记4次主持召开中央全面深化改革委员会会议，审议建设世界一流企业、普惠金融高质量发展、数字政府建设、加强和改进行政区划工作等重大议题，推动全面深化改革向纵深推进。

在党的二十大报告中，习近平总书记高度总结道："我们以巨大的政治勇气全面深化改革，打响改革攻坚战，加强改革顶层设计，敢于突进深水区，敢于啃硬骨头，敢于涉险滩，敢于面对新矛盾新挑战，冲破思想观念束缚，突破利益固化藩篱，坚决破除各方面体制机制弊端，各领域基础性制度框架基本建立，许多领域实现历史性变革、系统性重塑、整体性重构，新一轮党和国家机构改革全面完成，中国特色社会主义制度更加成熟更加定型，国家治理体系和治理能力现代化水平明显提高。"与此同时，全面从严治党永远在路上，党的自我革命永远在路上，决不能有松劲歇脚、疲劳厌战的情绪，必须持之以恒推进全面从严治党，深入推进新时代党的建设新的伟大工程，以党的自我革命引领社会革命。

面向未来，我们必须进一步坚持深化改革开放，深入推进改革创新，坚定不移扩大开放，着力破解深层次体制机制障碍，不断彰显中国特色社会主义制度优势，不断增强社会主义现代化建设的动力和活力，把我国制度优势更好转化为国家治理效能。"新时代的伟大成就是党和人民一道拼出来、干出来、奋斗出来的！"我们坚信在以习近平同志为核心的党中央坚强领导下，以改革为先导、向改革要动力，亿万中华儿女必将在中华民族伟大复兴不可逆转的历史进程中创造新的发展奇迹！

参考文献

习近平谈治国理政[M]. 北京：外文出版社，2014.

习近平谈治国理政:第二卷[M]. 北京：外文出版社，2017.

习近平谈治国理政:第三卷[M]. 北京：外文出版社，2020.

习近平谈治国理政:第四卷[M]. 北京：外文出版社，2022.

习近平. 高举中国特色社会主义伟大旗帜 为全面建设社会主义现代化国家而团结奋斗:单行本[M]. 北京：人民出版社出版，2022.

第二章 如何理解和把握"平稳转段"的重要意义

杨宜勇

内容提要： 坚持人民至上、生命至上的视角。前不久召开的中央经济工作会议明确指出，要"优化调整疫情防控政策，加强统筹衔接，有序组织实施，顺利渡过流行期，确保平稳转段和社会秩序稳定"。2023年是全面贯彻党的二十大精神的开局之年，经济发展面临的困难挑战很多。团结就是力量，坚持就是胜利。党中央始终坚持以人民为中心，着眼当前疫情防控形势变化，因时因势优化疫情防控措施，作出"平稳转段"重要判断，提出确保"社会秩序稳定"重要要求，为更好统筹疫情防控和经济社会发展指明了前进方向、提供了根本遵循。因此，我们只有全面准确深入地理解和把握"平稳转段"的重要意义，才能统筹做好2023年方方面面的工作，在经济反弹的基础上顺利推进高质量发展。

关键词： 疫情防控；平稳转段；统筹衔接；社会秩序稳定；经济反弹

践行中国式现代化
行动与愿景

正如习近平总书记在中央经济工作会议上强调的："要统一思想、科学防控、提振信心，找到杠杆的平衡点，因时因势优化疫情防控措施。""相信曙光就在前面。"经国务院批准，自2023年1月8日起，解除对新型冠状病毒感染采取的《中华人民共和国传染病防治法》规定的甲类传染病预防、控制措施，不再纳入《中华人民共和国国境卫生检疫法》规定的检疫传染病管理。当前我国疫情防控转入新阶段，面临新形势新任务，工作重心从"防感染"转向"保健康、防重症"。实施"乙类乙管"是综合评估病毒变异、疫情形势和我国防控工作等基础上作出的防控策略调整，是实事求是、因时因势优化完善防控措施的主动作为，是为了不断提升防控工作的科学性、精准性、有效性。这个疫情防控转段既有科学应对的充分依据，又是广大人民群众的普遍要求，有利于当前的经济增长，有利于当前民生的改善，有利于新发展阶段社会主义现代化事业的顺利推进。

一、"平稳转段"是优化调整疫情防控政策的客观要求

事非经过不知难,成弗容易也艰辛。2020年,我国遭遇了新中国建立以来的传播速度最快、传染范围最广、防控难度最大的突发公共卫生事件——新型冠状病毒肺炎,以习近平同志为核心的党中央始终坚持人民至上、生命至上,坚强领导、果断决策,依法将新型冠状病毒肺炎纳入传染病防治法规定的乙类传染病,并采取甲类传染病的预防、控制措施。三年来,各地严格按照"人民至上、生命至上"的防疫总要求,积极探索,大胆尝试,积累了比较丰富的疫情防控经验。三年来,我们通过对新冠肺炎"乙类甲管"严格管理,坚持外防输入、内防反弹,经受住了先后全球五波疫情的强大冲击,成功地避免了致病力较强的原始株、德尔塔变异株的广泛流行,极大减少了重症和死亡,也为国内疫苗药物的研发应用以及医疗等资源的准备赢得了宝贵的时间,有力地保护了人民群众生命安全和身体健康,统筹疫情防控和经济社会发展取得了重大积极成果。

2022年11月10日,习近平总书记主持召开中共中央政治局常务委员会会议并听取新冠疫情防控工作汇报,发表重要讲话,

"坚持科学精准防控，提高防疫工作的有效性""要在落实各项防疫举措的同时加强分析研判，必要的防疫举措不能放松"。随后党中央作出重大决定，首次提出的二十条优化措施，向海内外释放中国因时因势、主动优化防控政策的鲜明信号。2022年12月6日，习近平总书记主持召开中共中央政治局会议。这次会议强调"更好统筹疫情防控和经济社会发展，更好统筹发展和安全"，为进一步优化疫情防控措施提供了根本指针。次日，国务院联防联控机制综合组公布优化落实疫情防控的"新十条"。

尽快有效治理新冠疫情，确保经济社会发展进入新常态是全国各族人民的共同愿望。党中央审时度势，优化调整疫情防控政策，必然带来"平稳转段"。实践出真知。新冠病毒的低毒化和国内医治能力的提高，为疫情防控的"平稳转段"提供了客观基础。我们密切跟踪病毒特点，研判疫情形势，加快推荐疫苗接种和药物供给，加强医疗救治和防控体系建设，提升应急处置能力等因素，都为调整新冠病毒感染的法律归类创造了条件。适时将新冠肺炎由"乙类甲管"调整为"乙类乙管"，并且根据发病状况的主要指征变化，及时将新型冠状病毒肺炎更名为新冠病毒感染，这是水到渠成的事情。

对新冠病毒疫情的科学监控和有效管控是我们实现"平稳转段"的重要前提。这次转段我们打的是有准备之仗，不是被动放开。从疫情形势和病毒变异情况来看，奥密克戎变异株已成为全球流行优势毒株，虽然感染人数多，但是重症率和死亡率低。国际和国内检测数据显示，奥密克戎变异株的致病力相比原始株和其他关切变异株减弱，症状以发热和上呼吸道症状为主。从人群免疫水平来看，我国新冠病毒疫苗接种得到普及。截至2022年12月，全国累计接种新冠病毒疫苗超过34亿剂次，疫苗接种覆盖人数和全程接种人数分别占全国总人口的92%和90%以上。目前人民群众健康意识、健康素养进一步提升，个人防护能力逐渐提高。从防控工作基础看，通过完善分级诊疗救治体系，加强基层医疗卫生机构能力建设，增设发热门诊，增加定点医院重症病床、ICU以及相关救治设备与物资储备，医疗救治能力得到提升，逐步统筹实现新冠病毒感染者的救治和日常医疗服务保障。国内外特异性抗病毒药物研发取得进展，我国筛选出"三药三方"（即清肺排毒汤、化湿败毒方、宣肺败毒方、金花清感颗粒、连花清瘟胶囊、血必净注射液）等临床有效方药。广大医疗卫生人员积累了较丰富的疫情防控和处置经验，防治能力显著提升。

尽管当前病毒传染性强，但重症率、致死率显著降低，疫情防控主要矛盾发生了变化。在这种情况下，我们坚持审时度势，科学优化防疫措施是必要的、正确的、负责任的。伴随疫情防控转入新阶段，一些困难是现实的、暂时的、难免的，需要我们更好统筹疫情防控和经济社会发展。"平稳转段"既是对公共卫生提出要求，也是对经济运行提出要求。各地方各部门要加强各类政策协调配合、统筹兼顾。一方面更好保障群众的就医用药，避免出现大范围的医疗资源挤兑；另一方面要保障产业稳定运行，产业链供应链关键环节不能中断，做好药品、重要民生商品的保供稳价，避免出现断供或价格大幅上涨。总而言之，疫情防控政策会随着病毒致病力的减弱和疫苗等的作用不断加强、治疗药物效果的不断显现，不断地调整与优化。只要我们小步走、不停步，科学精准防控仍然是疫情防控和政策调整必须坚持的原则，也是确保人民身体健康和生命安全、确保经济社会稳定和可持续发展的根本手段。

二、只有加强统筹衔接才能实现"平稳转段"

没有人民的生命安全，便没有人民的一切。统筹发展和安全中的安全，毫无疑问包括疫情防控安全，这是高质量发展的重要前提。

加强统筹衔接，必须立足当前，从长计议。在防控措施调整的初期，可能会出现新冠病毒感染病例的增加，继而可能会引发药品的供应不足，部分地区产生医疗挤兑甚至会引起公众的恐慌等现象，为此，国家针对这些风险积极进行有关准备，保障调整的平稳过渡。只有加强统筹衔接才能实现"平稳转段"。党中央、国务院时刻牵挂着人民群众的健康，现在的工作目标是"保健康，防重症"，国务院联防联控机制工作组将工作中心从防感染转移到医疗救治上来，突出重点人群管理，有序疏导诊疗需求，分类、分层、分级提供健康服务，确保防控措施调整转段的平稳有序。当前迫切需要有效保护抵抗新冠病毒能力较弱的人群，特别关注老年人、有基础性疾病人群、儿童、孕产妇等重症高风险人群的疫苗接种、个人防护和感染后的及时救治，最大限度地保障医疗需求，最大限度地减少重症和死亡。

加强统筹衔接，必须立足安全，兼顾发展。当前政府依法将新冠病毒感染从"乙类甲管"调整为"乙类乙管",是疫情防控策略的重大调整,充分体现了实事求是、主动作为、因时因势优化完善防控政策,将有助于更好地适应病毒变异和疫情形势的变化,有助于把防控资源更加集中到保护患有基础病的老人、孕产妇和儿童等重点人群上来,有助于更好地保障正常的生产生活和医疗卫生需求,有助于最大限度减少疫情对经济社会发展的影响。

加强统筹衔接,必须立足内循环,兼顾外循环。虽然实行疫情防控转段,但是我们依然要看到当前全球新冠病毒感染大流行尚未结束,疫情走向仍具有一定的不确定性。世界大部分国家和地区对新冠疫情仍保持着高于普通传染病的防控措施,绝对不是普通的大流感。因此,在新冠病毒感染调整为"乙类乙管"后,绝不是放任不管,绝不意味着所有防控措施的退出,而是要继续强化管理、强化服务、强化保障。

加强统筹衔接,必须立足全域,突出农村。实施"乙类乙管",对新冠病毒感染者不再实行隔离措施,不再判定密切接触者;不再划定高低风险区;不再对入境人员和货物等采取检疫传染病管理措施;对新冠病毒感染者实施分级分类收治并适时调整医疗保障政策;检测策略调整为愿检尽检;调整疫情信息发布频次和内容。但是实施"乙类乙管",仍然需要广大群众的支持和配合。农村、社区是疫情防控的一道重要关口,是保障群众健康的"最后一公里"。我国农村地域广、人口多、人均医疗资源相对不足。特别是春节期间，人员流动加大，返乡人员增多，更加需要做好农村地区疫情防控和医疗救治工作。要充分发挥农村基层组织作用，加强对农村地区医疗机构支持；照顾好老年人、孕产妇、留守儿童等重点人群，做好健康监测，畅通转诊绿色通道；提供便利服务，加快推进农村老年人新冠病毒疫苗接种，加快构筑基层保健康防线；要继续坚持近三年来养成的良好个人卫生习惯和健康生活方式，始终做好个人防护。

归根到底，确保安全"平稳转段"，一定要突出重点，优化资源配置，从严从实抓好重点地区疫情防控、重点人群健康管理、重点场所封闭管理、重要活动服务保障、重要岗位正常运转，千方百计保健康、防重症。加强统筹，搞好工作衔接，务必统筹做好重症救治与日常诊疗、居家治疗与返岗复工、防疫需求与民生保障、防范疫情风险与维护社会稳定等各项工作，确保顺利渡过疫情流行期。要精心组织，有力有序实施，压实"四方责任"（即属地、部门、单位和个人的责任），认真抓好责任落实、工作协同、群众动员，让保障更有力度、服务更加到位、管理更有质量，更好地统筹疫情防控和经济社会发展。

三、依靠有序组织实施，顺利渡过流行期

有序组织实施需要进一步发挥社会主义制度的优越性。国务院联防联控机制综合组发布《关于进一步优化落实新冠肺炎疫情防控措施的通知》（简称"新十条"）共分十条，每一条都是依据实际情况作出的优化调整，特别在风险区划分、核酸检测、隔离方式、学校防控等方面，都有了比较明显的优化调整。"新十条"既是管理层从全局角度出发，按照疫情变化情况，积极主动调整优化防控政策的具体表现，也是对地方防控工作经验认真细致地总结与提炼，符合疫情形势，符合经济社会发展要求，符合企业和居民需要，在群众中产生了积极的反响。然而，我国是一个拥有14亿人口的发展中大国，幅员辽阔，各地发展不太均衡，实际情况更为复杂，身体抵抗力较差的人员还比较多、医疗条件不足的地区也还不少、少数居民的自我保护意识还不强，因此，在调整优化防控政策、逐步放松管控的同时，也对一些重点场所、重点人群、重点部位等保留了相应的防控规定，提出了一些新的防控要求和措施。

有效防范新冠病毒感染风险，必须依靠有序组织，积极实施系统性的疫情阻击措施，才能安全顺利渡过流行期：一要强弱

项，加强药品的供应保障，包括中药、西药以及相关的医疗设施设备等，千方百计地满足老百姓的用药需求和合理储备要求。二要补短板，加强疫苗接种，特别是老年人、慢性病患者等人群的疫苗接种。各地坚持应接尽接原则，聚焦提高60~79岁人群接种率、加快提升80岁及以上人群接种率，并作出专项安排。三要健机制，通过完善医疗机构分级诊疗机制，优化配置医疗资源，加强基层诊疗能力建设，统筹新冠感染者的救治和日常医疗服务保障工作，尽最大可能不影响正常的医疗服务需求。要发挥基层医疗卫生机构"网底"和家庭医生健康"守门人"作用，摸清辖区内患有心脑血管疾病、慢阻肺、糖尿病、慢性肾病、肿瘤、免疫功能缺陷等疾病的老年人及其新冠病毒疫苗接种情况，高效推进实施分级分类管理。四要稳心理，通过在线健康咨询、科普等方式，鼓励具备居家隔离条件的无症状感染者和轻症病例优先选择居家隔离治疗。对老年人等重症高风险人群，要摸清底数，有专门的人员负责健康管理，提供转运、住院等绿色通道，确保应治尽治、应收尽收。五要重医生，关心关爱医务人员和维持社会经济日常运行的工作人员。六要防风险，及时做好风险沟通，面向公众加强宣传倡导。围绕健康监测、个人防护、居家合理用药甚至垃圾弃置等方面给出建议，帮助公众了解如何科学合理用药、何时就医以及去哪里就医等具体问题，促成公众理性应对新冠疫情，避免恐慌。七要守好门，进一步加强病毒变异情况的监测，加强疾病严重性、医疗资源使用等情况的监测，尽量避免发生医疗资源挤兑。

只有有序组织实施，才能顺利渡过流行期。为发挥好基层"网底"的作用，2023年1月3日，国务院联防联控机制综合组印发了《关于做好新冠重点人群动态服务和"关口前移"工作的通知》，要求对重点人群要"早发现、早识别、早干预、早转诊"，预防和减少新冠重症的发生，提出了12条工作内容，特别强调要进一步筑牢织密基层的"保健网"，加强重点人群动态管理和基层发热门诊的建设，确保基层医疗卫生机构人员、药品、设备配备到位，必要的药品器械要直达村卫生室、乡镇卫生院以及社区卫生服务中心。现在全国98.7%的乡镇卫生院和社区卫生服务中心都开设了发热诊室，基层发热门诊诊疗量占比超过全国发热门诊的60%以上。对需要转诊的，及时向亚定点医院、定点医院或者上级医院转诊，充分发挥了基层医疗机构第一道防线作用。

四、"平稳转段"有利于健康中国建设

2022年12月21日，国务院联防联控机制医疗救治组召开全国电视电话会议，深入贯彻习近平总书记重要指示批示精神，全面落实党中央、国务院决策部署，指导各地做实做细新阶段新冠肺炎疫情医疗救治工作，坚决守住人民生命安全和身体健康防线。

爱国卫生运动是我们党把群众路线运用于卫生防病工作的成功实践。举世公认，目前中国是发展中人口大国里面平均预期寿命最高的国家。在爱国卫生运动开展70周年之际，习近平总书记作出重要指示，指出：当前，我国新冠疫情防控面临新形势新任务，要更加有针对性地开展爱国卫生运动，充分发挥爱国卫生运动的组织优势和群众动员优势，引导广大人民群众主动学习健康知识，掌握健康技能，养成良好的个人卫生习惯，践行文明健康的生活方式，用千千万万个文明健康小环境筑牢疫情防控社会大防线，切实保障人民群众生命安全和身体健康。

人民健康是中国式现代化最重要的指标，也是人民幸福生活的基础。党的二十大报告提出，把保障人民健康放在优先发展的战略位置，完善人民健康促进政策。把"优先"二字写在卫生健康事业发展的旗帜上，这就要求从影响健康因素的广泛性出发，关注生命全周期、健康全过程，将健康作为制定实施各项公共政策的重要考量，突出健康优先发展制度体系建设，统筹调配全社会卫生健康资源，将维护人民健康的范畴从疾病防治拓展到影响健康的各个领域，实现健康与经济社会协调发展。

新时代新征程，健康中国建设更需要强化跨部门的协作，鼓励和引导单位、社区、家庭、个人行动起来，对主要的健康问题及影响因素采取有效的干预措施，形成政府积极主导、社会广泛参与、个人自主自律的良好局面，让健康"影响因子"渗透到财政、教育、城市建设、乡村振兴等各项政策的制定中。按照党中央、国务院关于加强农村地区疫情防控工作的决策部署，国务院联防联控机制和中央农村工作领导小组联合印发了《加强当前农村地区新型冠状病毒感染疫情防控工作方案》（简称《方案》），《方案》明确要求，"五级书记"［即省、州（市）、县、乡（镇）、村五级书记］要像抓脱贫攻坚一样抓农村地区的疫情防控。要建立包保制度，省统筹、市调度、县乡村抓落实，层层压实责任。基层党组织要切实发挥战斗堡垒作用，把疫情防控各项措施落实到村到户。

疫情防控转入新阶段后，各地要坚决把思想和行动统一到习近平总书记关于疫情防控的重要指示精神和党中央决策部署上来，充分认识新阶段新形势新任务，扎实做好医疗救治和资源准备工作，全力保障人民健康安全和经济社会发展。我们牢牢抓住抓好重点人群和关键环节，把各项救治工作扎实做到位。三级医院要兜住医疗救治和生命保障的底线,全力做好老年和儿童重症患者医疗救治。各地要建立三级医院分区包干责任制、明确三级医院与县医院对口支援关系、二级以上医院与养老院对口协作关系,压实牵头医院主体责任,任何医院不得以划定区域为理由推诿、拒收其他区域转来的重症患者。县医院要守住农村居民健康的重要关口。同时,要紧盯养老院等重点场所、120急救等重点环节,确保医疗救治有序开展。

当前人民群众对健康服务有了更高的期盼,全面满足民众和社会的需求必须织密服务网,确保每一个人都不被落下。强化底线思维,加强重大疫情防控救治体系和应急能力建设,有效遏制重大传染性疾病传播,必须毫不放松抓好常态化新冠病毒疫情防控措施落实落地。"平稳转段"要求我们及时转变工作思路,切实担负起责任。在健康中国建设中,一定要加大指挥调度和投入力度,细化实化具体化配套方案措施,全力做好医疗资源统筹调配,加强疫情形势监测,有序落实压峰措施,关注舆情社情。要主动担当、积极作为、靠前一步,把各项准备工作做足做到位。

五、"平稳转段"有利于促进社会稳定

稳定是发展的前提,只有更好的发展才能促进高水平的稳定。2020—2023年我国经济年均增长大约是4.5%,明显高于世界平均水平。我国抗疫和发展的成绩有目共睹,经得起历史的检验。特别是"新十条"不再对跨地区流动人员查验核酸检测阴性证明和健康码,不再开展落地检。现在人员流动不再受到核酸检测阴性证明的限制,可以比较流畅和自由地流动,从而给企业和居民带来了积极的影响。中央经济工作会议提出了年度针对性和问题导向性很强的"六个统筹",其中"更好统筹疫情防控和经济社会发展"是非常重要的一条。我们要按照中央决策部署,优化调整疫情防控政策,加强统筹衔接,有序组织实施,顺利渡过流行期,确保"平稳转段"和社会秩序稳定。

做好疫情防控安全,是确保经济社会正常发展的基础性任务。中央经济工作会议指出:"要更好统筹疫情防控和经济社会发展,因时因势优化疫情防控措施,认真落实新阶段疫情防控各项举措,保障好群众的就医用药,重点抓好老年人和患基础性疾病群体的防控,着力保健康、防重症。"此次会议在疫情防控政策发生重要调整之际召开,令人对2023年经济增长形势判断更加

第二章
如何理解和把握『平稳转段』的重要意义

乐观。"平稳转段"以"新十条"为代表，当前各地疫情防控政策正在进行三年以来最重要的优化调整，总体方向是逐步科学放松管控，引导经济社会发展恢复常态。落实更好统筹疫情防控和经济社会发展，这意味着2023年疫情对经济运行的扰动将显著减弱，为着力推动各领域高质量发展创造了更加有利的条件。2023年经济社会发展的主基调将是稳字当头、稳中求进，更好统筹发展和安全，科学走出疫情，全面深化改革开放，大力提振市场信心，把实施扩大内需战略同深化供给侧结构性改革有机结合起来。

目前卫生健康事业发展不平衡不充分的矛盾依然存在，全面提升人民群众的获得感，必须坚持系统观念，重点解决急难愁盼问题。在强基层方面，要加快医疗资源均衡布局，满足群众疾病预防和救治需要，做到病有所医。一方面，要不断健全医疗服务体系，完善"一老一小"健康服务体系，加强中医药服务与精神心理体系建设。另一方面，要着力提升基层医疗卫生服务水平，持续开展"优质服务基层行"活动，使群众看病就医首诊在基层；不断加强家庭医生签约团队健康管理服务，努力打造"15分钟健康服务圈"。

我国经济韧性强、潜力大、活力足，资源要素条件可支撑，长期向好的基本面没有变也不会变。伴随疫情防控转段，特别是进入2023年，扩内需促消费系列政策逐步见效，各省市自治区按下了经济复苏"快进键"，复工复产加快、复商复市回暖，各类市场主体活力和信心得到进一步激发。随着优化疫情防控各项措施的实施，预计经济秩序和社会秩序会加快恢复，"平稳转段"释放出巨大的活力，将促进国民经济循环起来、运转起来，加快向潜在增长率靠拢。随着疫情防控措施的持续优化和经济政策效果的持续显现，2023年经济运行有望总体回升，实现5%～6%的增长速度。众所周知，经济活力加速释放，这是促进社会稳定的坚实基础。团结就是胜利，奋斗开创未来。只要我们把思想和行动统一到党的二十大精神和党中央关于经济工作的决策部署上来，在复杂形势下保持战略定力，更好统筹疫情防控和经济社会发展，不断提升科学防控之智、统筹兼顾之谋、组织实施之能，准确把握2023年经济工作部署要求，让疫情防控工作更科学、更精准，让经济高质量发展更有温度、更富成效，我们就一定能最大程度释放发展活力，加快形成共促高质量发展的合力，推动经济运行整体好转，中国经济巨轮也一定能劈波斩浪、行稳致远。

六、实现"平稳转段"关键在各级领导干部

火车跑得快,全靠头来带。各级领导干部要准确把握习近平新时代中国特色社会主义思想的世界观和方法论,注重从系统外部诸要素的相互联系和相互作用中,从系统内部结构和功能的统一性上系统把握,把保障人民健康放在优先发展的战略位置,更加注重资源整合,更加注重均衡发展。各级领导干部要提高政治站位,坚决把思想和行动统一到党中央、国务院关于做好新阶段疫情防控工作的决策部署上来,全面抓好"乙类乙管"方案的细化和落实,统筹做好新阶段调整防控政策各项准备工作,尽最大努力确保"平稳转段"和社会秩序稳定,最大程度保护人民生命安全和身体健康,最大限度减少疫情对经济社会发展的影响。

做好转段期间疫情防控既是一项政治任务,也是一项民生工程。只有通过更加精准科学地统筹疫情防控和经济社会发展,才能最大程度保护人民生命安全和身体健康,切实维护社会大局和谐稳定。因此,要强化统筹调度,全力抓好"保健康、防重症"各项重点工作的高效落实。一方面,要强化药品和防疫物资供应,进一步健全完善分级诊疗体系,完善医疗救治资源区域协同机制,抓好医疗资源调配,全力做好医疗救治工作。另一方面,

要突出抓好农村地区的疫情防控工作，落实"五级书记"抓农村疫情防控工作机制，加大对农村地区的支持保障力度，统筹兼顾抓好疫情防控和农业生产，积极引导群众科学做好个人防护。与此同时，要深入开展爱国卫生运动，深化疫情监测分析研判，调整优化检测策略，做好宣传舆论引导，强化人员安全有序流动；要加强应急处置准备，加强重点人群和重点机构防护管理，积极防范应对各种突发事件。

不谋万世者，不足谋一时。"平稳转段"既要重视短期的过程度过，又要注重长期的制度建设。坚持统筹发展与安全，改革疾病预防控制体系，创新医防协同、医防融合机制，完善突发公共卫生事件监测预警处置机制，健全重大疫情医疗救治体系，提高应对突发公共卫生事件能力；坚持"三医联动"深化改革，加快建设分级诊疗体系，推进城市医疗集团和紧密型县域医共体建设，推进公立医院高质量发展；坚持科技自立自强、人才引领驱动，搭建高层次创新平台，推动科研攻关和创新成果转化，不断增加人才资源总量，优化人才队伍结构，为卫生健康事业发展提供强大支撑和保障；坚持区域、城乡协调发展，加快优质医疗资源扩容和区域均衡分布；坚持中西医并重，推进名医、名科、名院建设，创建国家中医医学中心、国家中医区域医疗中心、中西医协同"旗舰"医院；坚持全方位、全周期保障群众健康，实施积极的人口政策，大力发展婴幼儿照护服务，提升优生优育服务水平，促进人口长期均衡发展；加快构建老年健康服务体系，深化医养结合，增进老年人健康福祉。

打好转段战"疫"，必须要有担当精神，敢于作为。各级干部继续扛稳扛牢疫情防控责任，保持对防疫的高度敏感性，坚持精准施策，切实做到主动担责、主动谋划、主动对接、主动协同、主动统筹"五个主动"。要压实责任，强化作风保障。强化调度，抓好防控资源力量统筹协调，确保指挥有力、协调顺畅、上下贯通、高效运转；强化督查，把责任压实到每个环节、每个岗位、每个人，确保各项防控措施落实落地；强化问责，对责任不压实、工作不落实、作风不务实的情况进行严肃追责问责，形成震慑、倒逼落实。

沧海横流有砥柱，万山磅礴看主峰。全党要紧密团结在以习近平同志为核心的党中央周围，增强"四个意识"，坚定"四个自信"，做到"两个维护"，勠力同心、勇毅前行。各地区各部门和各级领导干部要把思想和行动统一到党的二十大精神和党中央关于经济工作的决策部署上来，要更好地统筹疫情防控和经济社会发展，坚持把高质量发展作为全面建设社会主义现代化国家的首要任务，完善党中央重大决策部署落实机制，以奋发有为的精神状态和"时时放心不下"的责任意识做好经济工作。

参考文献

习近平谈治国理政:第四卷[M]. 北京:外文出版社，2022.

习近平,2022. 高举中国特色社会主义伟大旗帜 为全面建设社会主义现代化国家而团结奋斗:单行本[M]. 北京:人民出版社.

韩文秀,2023(1). 贯彻中央经济工作会议精神 推动我国经济运行整体好转[J]. 习近平经济思想研究.

联防联控机制综发〔2023〕5号. 关于印发新型冠状病毒感染防控方案(第十版)的通知[OB]. http://www.nhc.gov.cn/xcs/zhengcwj/202301/bdc1ff75feb94934ae1dade176d30936.shtml.

联防联控机制综发〔2023〕6号. 关于印发新型冠状病毒感染疫情防控操作指南的通知[OB]. http://www.nhc.gov.cn/xcs/zhengcwj/202301/d151963730cc45a4a77e6b241e786d35.shtml.

新华社. 新华社披露中国防疫政策调整因由[OB]. https://i.ifeng.com/c/8MOpXUNZ2HD.

第三章 全面推进中国式现代化体系建设

杨宜勇　邓芳芳

内容提要： 党的二十大报告进一步丰富了"中国式现代化"的基本内涵，为未来一个时期全面推进中国式现代化建设指明了方向。本文从政治、经济、社会、文化和生态文明五个方面提出中国式现代化的理论体系，即中国共产党领导下"五位一体"的中国特色社会主义现代化。推动中国式现代化体系建设，必须做好"五个坚持"，即始终坚持中国共产党的正确领导，始终坚持以人民为中心的价值导向，始终坚持有效市场与有为政府相结合，始终坚持全民参与的社会协同，始终坚持依法治国的治理模式。在新的赶考路上，中国共产党将带领中国人民创造出中国式现代化的新道路、创造出人类文明新形态。

一、中国式现代化是中国共产党领导的社会主义现代化

党的二十大报告提出，要"以中国式现代化全面推进中华民族伟大复兴"。从现在起，中国共产党的中心任务就是团结带领全国各族人民全面建成社会主义现代化强国，实现第二个百年奋斗目标，以中国式现代化全面推进中华民族伟大复兴。中国式现代化是中国共产党领导的社会主义现代化，既具有各个国家现代化特征的一般性，也具有新时代中国特色社会主义的特殊性。中国特色的中国式现代化是全体人民共同富裕的现代化、是物质文明和精神文明相协调的现代化、是人与自然和谐共生的现代化、是走和平发展道路的现代化。中国式现代化的本质要求坚持中国共产党的领导，坚持中国特色社会主义、实现高质量发展、发展全过程人民民主、丰富人民精神世界、实现全体人民共同富裕、促进人与自然和谐共生，推动构建人类命运共同体，创造人类文明新形态（孙冰等，2022）。2022年党的二十大报告首次提出了中国式现代化9个方面的本质要求，分别是：坚持中国共产党领导，坚持中国特色社会主义，实现高质量发展，发展全过程人民民主，丰富人民精神世界，实现全体人民共同富裕，促进人

与自然和谐共生，推动构建人类命运共同体，创造人类文明新形态。这9个方面是我们实现中国式现代化的必答题，涵盖了包括经济、政治、文化、社会和生态文明等"五位一体"的全面现代化，为中国特色社会主义现代化构建指明了领导力量、前进方向、实践路径、全球责任。

20世纪50年代，美国开始设定现代化的标准，美国以自身为模板，符合美式标准的为现代化、不符合美国标准的为传统。然而，西方的现代化是建立在工业文明和对外殖民侵略的共同基础上，在当今社会无法复制也不允许复制。对比中西方现代化，两者的根本区别是在"以人民为中心还是以资本为中心""共同富裕还是两极分化""物质、精神相协调还是物质主义膨胀""人与自然和谐共生还是环境破坏、生态危机""和平发展还是对外扩张掠夺"等根本价值问题上，并没有提供具有普遍意义的参考。若将西方的现代化理论与道路作为"公理"就只会得出荒谬的结论和惨痛的结果。中国用"并联式"的发展模式把"失去的二百年"找了回来，超越了西方"串联式"的固有的单一线性、渐次发展的路径，实现了"时空压缩"条件下的"弯道超车"，给了世界上那些既想加速发展，又不想丧失独立性的国家和民族提供了崭新的选择和深刻的启示。

二、中国式现代化是一个全方位的现代化

（一）政治现代化

1. 政治制度化

政治制度是国家政权的基本组织形式，是政治文明的核心内容，也是衡量一个国家政治现代化的主要指标。中国共产党在马克思主义理论正确指导下，领导中国人民从本国实际出发，逐步建立具有中国特色社会主义的政治制度，包括人民民主专政的国体、人民代表大会的政体、中国共产党领导的多党合作和政治协商制度、民族区域自治制度等。经过新中国成立以来70多年的实践，中国特色社会主义政治制度符合历史发展的潮流，受到中国人民的衷心拥护，展现出强大的生命力。同时，中国共产党坚持实事求是，不断推进政治体制的创新，通过制度设计和制度创新保证人民充分行使民主选举、民主决策、民主管理、民主监督，落实人民群众对干部选拔任用的知情权、参与权、选举权和监督权，通过党内监督、法律监督和群众监督，建立健全依法行使权力的制约机制。党的十八大以来，我们党不断加强民主制度的建设和完善，确保社会主义政治制度的根本性、全局性、稳定性。

2. 政治法治化

中国共产党领导广大人民群众坚定推行依法治国。一方面，牢固树立并强化宪政意识，维护宪法的绝对权威，建立法理型的政治结构，确保政治运行法规化。在国家运行中，政治活动、经济活动、文化活动、社会活动和对外交往，均由人民行使国家权力的机关在宪法和法律中明文规定，用法治取代人治。另一方面，在执法环节坚持有法可依、有法必依、执法必严、违法必究的方针，严格依法办事。中国共产党引导全民树立宪法意识，维护宪法的尊严和权威，依法治理国家，培养广大人民群众对政府的认同度和忠诚度，增强党和政府的合法性，在困难和危机时，我们就能迎接挑战、化解危机。

3. 政治民主化

中国的政治民主化是全球最高的民主化，从参与人数、参与渠道、参与层次和参与强度等多重指标可以得出，中国是一个"民选民治"的社会。中国共产党建立中央人民政府以后，摒弃传统高度集权的官僚政治，将人民作为政府的主人，将微观官僚变为宏观引导、将直接管理变为间接管理、将过程管理变为目标管理，不断提高自我管理、自我服务、自我教育的能力，同时给下级政府、社会组织、经济个体更大更自由的权利，以此调动基层的积极性。党的十八大以来，我们加强政治民主建设，推行全过程人民民主，党和国家领导人善于倾听科学家、知识分子和各民主党派人士的意见，在各领域各群体推行政治民主化，实现了人类政治文明史上的新飞跃。我们用自己的实际行动，向全球人民证实，中国特色社会主义不仅讲民主，而且讲的是最真实、最广泛、最全面的民主。

（二）经济现代化

1. 可持续发展

可持续发展作为经济现代化的重要内容，意味着将生态、经济、社会可持续作为目标，努力将世界各国结合在一起共同面对各类风险，使人类的未来可持续。可持续发展是确保经济合理发展、生态环境保护、资源充分利用之间关系的基础。首先，应该着重于发展方式绿色转型，发展绿色低碳产业，倡导绿色消费，推动形成绿色低碳的生产方式和生活方式。将绿色概念更加深化，如充分利用绿色GDP，进行环境经济核算的研究与实践，修正 GDP 以弥补国民经济核算体系的不足（曹茂莲等，2014）。其次，提升生态系统多样性、稳定性、持续性。尤其是在现如今疫情防控常态化的情况下，新冠疫情带来大量的医疗废弃物，对生态环境产生了重大的负面影响。因此，应积极推进生态系统多样性以及稳定性（徐苡珊等，2022）。最后，加强清洁能源清洁高效利用，加快规划建设新型能源体系，积极稳妥推进碳达峰、碳中和的"双碳"目标。

2. 高质量发展

衡量发展质量高低的基本准则是当前的经济发展能否满足人民日益增长的美好生活需要。高质量发展则是以满足人民日益增长的美好生活需要为目标的高效率、稳公平、绿色可持续发展（张军扩等，2019）。党的二十大报告指出，我国经济实力已经实现历史性跃升，国内生产总值从54万亿元增长到114万亿元，基本解决了发展速度问题，但可能存在发展质量不高的问题，如高能耗、高污染、高投入。同时，市场化改革存在滞后性，要素市场市场化改革尚未完成、在一些关键核心技术上没有实现突破。为推动经济发展实现"质"与"量"统一的高质量发展，要深化要素市场改革，为推动高质量发展创造体制保障，提升资源配置的公平和效率。同时，要致力于实现科技自立自强，集中力量突破技术"卡脖子"环节，实现中国制造业高效发展，补齐产业和技术短板。更要将制约人民群众生活质量的突出短板，以及那些处于现行技术水平、产业供给能力之下的短板加以补齐（侯永志、贾珅，2019），继续着力于实施脱贫攻坚战，为实现共同富裕而努力，实现公平高效的发展。

3. 创新驱动发展

实施创新驱动的发展战略是个系统且复杂的工程。实施创新驱动发展战略不能一蹴而就，它是一个系统的工程，包括科技创新、制度创新和商业模式创新等，涉及各纬度的创新，也需要创新产出各方的配合，促进创新资源高效配置和转化集成，进而实现经济发展方式的根本性转变。创新驱动发展不只是解决效率问题，更为重要的是依靠知识资本、人力资本和激励创新制度等无形要素实现要素的重新组合，实现科学技术成果在生产和生活上的应用和扩散。因此，应进一步完善科技创新体系，推动创新在我国现代化建设过程中落地生根，坚持科技是第一生产力，促进我国创新体系整体效能。同时，不断增强自主创新能力，坚决打赢关键核心技术攻坚战，完善知识产权制度，形成创新激励机制，提升科技投入产出的效益。深入实施科教兴国战略，建设高质量教育体系，培养创新人才，形成人才引领创新驱动的新局面，激发出研究人员开展原创性创新的积极性。

4. 新发展格局

新发展格局是以构建国内大循环为主体，国内国际双循环相互促进的发展格局。新发展格局是建设现代化经济体系的必由之路、必然选择，这是从中国当前国情和国际形势出发制定的最符合中国现代化经济体系建设的发展格局。一方面，当今国际形势面临百年未有之大变局，国际战争频发，加之西方对中国经济发展的刻意打压，国际循环在当前阶段上并不能对中国实现经济现代化起相对支撑作用，不足以使中国采用以国际循环为主体的发展道路。加上突如其来的新冠疫情，都使中国不得不将着力点置于以国内大循环为主体。另一方面，从马克思主义资本论的角度看，西方国家现代化过程的优势建立在对国外市场的价值收割，中国将坚持推动构建人类命运共同体作为新时代坚持和发展中国特色社会主义的重要举措，中国通过与其他国家的共同发展，让世界各国受惠于中国发展（王跃生等，2022）。因此，要不断推进供给侧结构性改革，逐步建立以国内大循环为主体的发展格局，加强构建国内统一大市场，推动更深层次改革。

（三）社会现代化

1. 稳定发展

当前世界正向多极化发展，各国综合实力不断增强，国际形势仍然处在深刻复杂的变化之中。同时，新冠疫情暴发、中美贸易竞争持续升级、乌克兰危机等重大事件引发了能源危机、经济危机、安全危机等，由此导致全社会的不确定性和不稳定性进一步增加（王效云，2022）。然而，和平、发展、有序依旧是当前世界发展的主旋律，在经济全球化高度发展的今天，一个现代化的经济体系必定是开放的，在全球范围内优化配置资源，充分利用国内和国际两个市场，通过改革与开放两种方式才能进行稳定发展。因此，高水平对外开放是经济全球化时代现代化经济体系建设的必然要求，也是中国现代化经济体系建设的必然趋势，我们应该推进高水平对外开放，进一步放宽市场准入，维护多元稳定的国际经济格局和经贸关系。同时，健全社会保障体系，尤其是就业、医疗、教育等对全体人民来说最重要的方面，满足人民最基础的生存发展需求。构建新型国际关系，弘扬和平、发展、公平、正义、民主、自由的全人类共同价值。

2. 安全发展

安全发展是以实现资源的合理利用以及发展效率和效益为目的，保证人的健康和生命安全的发展。人的健康和生命安全是实现资源合理利用、提升发展效率的前提，保证安全是人类生存与发展的根本。这就要求社会从人治向法治转变，从集中开展安全生产专项整治向规范化、制度化、经常化管理转变，从事后查处向强化基础转变，从被动防范向管住源头转变，从以控制伤亡事故为主向做好职业安全健康工作转变。加快建设法治社会，弘扬社会主义法治精神，健全国家安全体系，着力建设健全粮食、网络等重要安全体系的建设，把安全发展落到实处，把对安全的表象认识转变为对安全本质的认识。在新冠疫情大背景下，我们要坚持总体国家安全观，将政治、国家、人民安全相统一，坚持底线思维。加快建设重大疫情防控救治体系与应急能力提升，有效遏制突发公共安全事件，保障人民生命安全和身体健康。

3. 有序发展

社会是变化发展的，为实现事物从量的变化到质的变化，必须尊重其客观规律及一定顺序，如从城市到乡村、从工业化到新型工业化等。只有遵循事物发展顺序以及发展规律，才能推进发展效率。推动城乡融合发展，全面推进乡村振兴，坚持农业农村现代化优先发展，实现从城市到农村的有序发展，推动城乡协同发展。从现代化产业体系构建角度来说，警惕经济"脱实向虚"，重视实体经济的发展。推进新型工业化，加快建设制造强国、质量强国的步伐，实现从高能耗的工业化向新型工业化的转变。对于促进区域协调发展，深入推进区域重大战略、主体功能区战略、新型城镇化战略，构建优势互补、高质量发展的区域经济布局，发挥长三角经济一体化、京津冀协同发展的带头示范作用。

（四）文化现代化

1.文化传承

中华优秀传统文化是中华民族在5000多年的发展历史中，积淀形成的具有民族特色和文化品格的核心思想理念、中华传统美德和中华人文精神的集合，是中华民族独特的精神标识和生生不息、发展壮大的丰厚滋养，有着积极历史作用，且在今天的时代背景下仍然具有重要参考价值的思想文化，需要我们持续传承与发展（黄海，2022）。在中华传统文化发展历程中，形成了一系列优秀的传统文化，如红色文化。红色文化是中国共产党和中国人民文化创造的重要成果和鲜明特征，是筑牢文化自信、凝聚时代力量、奋进伟大征程的内在支撑和强大动力。而革命文化是一种特殊的红色文化。深入研究红色文化，对于传承弘扬红色文化、发挥红色文化功能作用具有重大意义。对于红色文化的传承与发展，要学习并牢记红色文化，了解优秀传统文化的内涵与意义，不仅做到将马克思主义基本原理同中国具体实际相结合，而且要将马克思主义与中华优秀传统文化相结合。

2. 文化传播

优秀的传统文化需要传播,需要实现从一个社会传到另一个社会,从一区域传到另一区域,以及从一群体传到另一群体的互动。一个国家的国际地位和话语权与其文化的强弱息息相关,中华优秀传统文化是文化自信的重要来源。因此,我们要做好文化的传播。首先,在进行文化传播时,要树立文化自信,坚守中华文化立场,讲好中国故事、传播好中国声音,推动优秀的传统文化走向世界的舞台,向世界展示中国优秀的传统文化,进而达到提升中国国际话语权的目的。其次,要积极引导新一代青年对中华传统文化进行主动认知,完善并创新中华传统文化建设与传播的教育路径,肩负起引领青年大学生继承弘扬中华优秀传统文化,增强文化自信,托起中国梦的重任(张娟等,2022)。最后,充分发挥互联网的作用。现在互联网已成为现实社会极其重要的组成部分,有效利用传播媒介,加强全媒体传播体系建设,引导并用好大众化、媒体化、现实化趋势;可以引领传统文化创新风潮,使各个地方在文化建设上更加自觉、更加主动,提高全社会对文化传播以及发展的关注度。

3. 文化创新

创新是事物发展的内生动力,创新和发展是辩证统一的,创新是发展的内在动力。中华优秀传统文化需要进行创造性转化和创新性发展以促进自身文化的进一步发展。只有进行创新,中华优秀传统文化才能历久弥新。一是对待传统文化，要按照取其精华、去其糟粕，古为今用、推陈出新的要求，进行科学梳理、精心萃取，在原有的传统文化上进行创新，深入挖掘和提炼有益的思想价值，使之不断发扬光大。二是通过创新激励手段，健全现代公共文化服务体系、实施重大文化产业项目带动文化创新战略来促进文化创新，激发文化创新活力，实现优秀传统文化的增质增量。三是要以开放包容等心态吸收优秀外来传统文化，以积极的态度对待外来文化，能够在同外来文化的互动交流中得到丰富发展，相互学习、共同发展。

（五）生态文明现代化

生态文明现代化具有自然现代化和社会现代化的双重属性，它既代表着自然生态中的绿水、青山、蓝天的现代化，也代表着人类社会中的自由、平等、公正、法治的现代化，生态文明现代化是人类文明发展到新阶段的智慧结晶，也是人与自然关系的进一步升华（薄海、赵建军，2018）。党的二十大报告也同样指出：我们要站在人与自然和谐共生的高度谋发展，秉承顺应自然、保护自然的基本思想，推动绿色低碳的生产方式和生活方式。以下我们从人与自然和谐共生的绿色发展现代化、生态制度现代化、生态行为现代化三个方面进行阐述。

1. 人与自然和谐共生的绿色发展现代化

绿色发展现代化就是在发展经济的同时兼顾人与自然和谐共

生的生态环境。其既区别于传统的极端生态环保主义观点，以牺牲经济发展为代价保护环境；也不同于技术乐观主义观点，通过技术创新来解决所有的问题（郝栋，2020）。我们应当清醒地认识到和谐的自然生态环境与人类经济社会发展之间相辅相成的关系，着重处理好两者之间的共生关系，通过更加绿色生态的生产方式来实现人与自然的和谐发展，使社会发展和生态环境统一起来，从而形成和谐共生的绿色发展模式。

2. 生态制度现代化

生态治理体系现代化目标下的生态治理机制不是一成不变的，需要具备时代性、创新性和发展性特征（盛明科、岳洁，2022）。生态制度应当因地制宜、适时发展，根据实际情况解决生态治理阻力和问题。例如，低碳试点政策的实施便体现出了我国政策制度的优越性，这种从"试点-扩散"的过程中体现了中国特色的政策制定过程，通过试点发现问题、找到方法、解决问题，为接下来的立法、全国推广打下了良好基础和示范作用，这也与西方国家先立法后推广的政策制度形成鲜明的对比。正是由于这种先试点后推广的制度模式，使得我们在全国正式推广前就已经了解到方案的各种缺陷以及很多不合理的问题，从而避免造成资源浪费。

3. 生态行为现代化

生态行为现代化涉及政府、企业和居民的三个层面。政府治理行为现代化主要体现在自身对绿色发展的战略制定上，包括：

新发展观念上结构性系统性的更新，将生态文明提升到国家富强、民族振兴的层次；新发展制度的系统改造，国家职能机构的系统性调整和生态产权制度的构建；新发展平台的系统打造，国内的东北老工业区的振兴、西部大开发的推进和长江经济带的升级，国外的"一带一路"建设与新能源产业结合，最终将中国汇聚成绿色技术、产业和资本的聚居地（王曼倩、郝栋，2018）。在政府制定绿色发展战略的背景下，企业作为重要的市场主体，积极响应政府对于生态文明建设绿色发展的号召，在满足人民物质文化需求的基础之上，积极提高自己的生产效率，减少对环境的污染，积极向绿色生产方式和生产模式转变。生态文明现代化的内涵之一就是对决策更为开放的态度，这种开放态度主要就是指对决策过程的参与过程应该包括邻里、社区以及非政府组织等第三方力量。通过提高国民素质以及公众对于环境生态信息的获取能力，来发挥居民这类微观主体的行为积极性，从而对政府的政策行为、企业的生产行为形成绿色评价和绿色反馈机制。

三、构建中国式现代化体系的对策建议

（一）始终坚持中国共产党的正确领导

习近平总书记在庆祝中国共产党成立100周年大会上庄严宣告：我们创造了"中国式现代化新道路"。中国共产党自成立之日起就不懈推进中国现代化事业，不仅用几十年时间走完了发达国家几百年走过的路，而且正在解决西方现代化尚未解决或者难以解决的问题。这不仅是全国人民共同努力的结果，更是因为有党的伟大领导，更让人确信了党的领导是"中国式现代化"最根本的保证，是中国式现代化道路的本质特征。

1. 中国式现代化道路由党而生

百余年风雨兼程、上下求索，中国共产党团结带领中国人民在实现现代化的道路上孜孜以求、接续奋进，创造了人类现代化史上的"中国奇迹"。从土地革命打土豪分田地到取得十四年抗日战争胜利、彻底推翻压在中国人民头上的三座大山，建立新中国；从凤阳小岗村一纸家庭联产承包责任制的承诺书，到改革开放40多年的伟大成就；从一个积贫积弱、任人宰割的国家变为世界第二大经济体，军事实力世界第三。正是因为有这些奇迹，才有中国式现代化道路。没有中国共产党在之前"站起来，富起来"的伟大领导和伟大成功,就没有现在通往"强起来"的中国式现代化道路。所以说,中国式现代化道路由党的领导而奠基,没有之前党和人民的努力,就没有中国式现代化道路的产生。

2. 中国式现代化道路方向由党决定

中国式现代化是"以人民为中心,以人民为根本"的现代化,而党是代表人民的政党,党的军队就是人民的军队,党的力量就是人民群众的力量。所以党的领导不会偏离或违背其宗旨——全心全意为人民服务,中国式现代化的方向也会伴随党的领导而不偏不倚地践行"为人民服务,以人民为中心"的基本原则。中国式现代化其本质是社会主义的现代化,是一条从未开创的现代化道路。习近平总书记指出,当代中国的伟大社会变革,不是简单延续我国历史文化的母版,不是简单套用马克思主义经典作家设想的模板,不是其他国家社会主义实践的再版,也不是国外现代化发展的翻版。中国共产党领导的现代化道路是从中国国情出发,传承中华优秀文化传统,独立自主"走适合自己的路"。而且也只有了解中国国情,尊重广大人民群众愿望,才能成功引领中国式现代化走向更加美好的未来。

(二)始终坚持以人民为中心的价值方向

习近平总书记指出,为人民谋幸福、为民族谋复兴,这既是我们党领导现代化建设的出发点和落脚点,也是新发展理念的

践行中国式现代化
行动与愿景

"根"和"魂"。中国式现代化道路的"根"亦是如此。

1. 中国式现代化的实践主体是人民

实践由主体、客体和中介构成，主体是从事实践和认识活动的人。唯物史观认为，人民群众是历史的创造者，是历史创造的主体。而在中国式现代化的过程中，就是中国人民在创造历史的过程，是中国人民不懈努力奋斗的过程。

所以中国式现代化的实践主体必然是人民大众，中国式现代化最重要的必然是把人民的需求放在首位，坚持以人民为中心的价值导向。只有导向正确，我们党才能调动14亿中华儿女的积极性，才能"心往一处想、劲往一处使"，才能实现弯道超车，用更短的时间走完西方国家数百年走完的现代化历程。

2. 中国式现代化的服务对象是人民

"人民对美好生活的向往，就是我们的奋斗目标。"这是党的二十大报告中对所有人的殷切期盼。中国式现代化是全体人民共同富裕的现代化，以不断促进人的全面发展、全体人民共同富裕为目标。在2020年，我们已经实现了全面建成小康社会，已经实现了所有人吃饱饭、吃好饭的宏伟目标，而未来的中国式现代化是将目前的"小康小蛋糕"变成"富裕大蛋糕"，让所有中国人民都能更好更多地分到蛋糕，同时做到优化配置使蛋糕分得更好，消除贫富差距，使人民真正享受到中国式现代化的红利。同时，中国式现代化也能进一步发展更新我们的时代精神，这是一笔宝贵的精神财富。当下部分青年人被历史虚无主义逐渐侵蚀，主要原因之一就是没有为"00后"一代设计独有的精神内涵,而中国式现代化正好弥补了这个空缺。在中国式现代化的进程中,必然会有许多令人振奋的精神产生,而这个就是"00后"青年人的内核,也必是未来中国精神面貌的象征。因此,中国式现代化的"根"必然是以人民为中心。

(三)始终坚持有效市场与有为政府相结合

厘清有为政府与有效市场的边界,充分发挥市场在资源配置中的决定性作用,是新时代政府与市场关系现代化治理的关键所在。主要包括以下三个方面。

1. 处理好资源配置中政府与市场的关系

由于市场化进程的滞后性,要素市场的市场化改革目前仍然存在很多问题,扭曲要素资源配置。信贷资本在配置过程中普遍存在向国有企业倾斜的情况,从而出现大量低效率国有企业过度拥有信贷资源、高生产率非国有企业面临信贷约束,从而抑制经济高质量发展。这种信贷资本配置扭曲的出现很大程度上是因为信贷资本配置没有市场化,银行信贷规模越大,信贷资本扭曲和跨企业的资源错配就越严重(简泽等,2018)。而解决该问题的关键所在,就是减少政府对金融部门的干预,加快金融市场的市场化改革。因此,加快要素市场的市场化改革,减少政府对要素资源定价机制、分配机制的直接干预。

劳动力资源配置在我国也同样存在很大的资源配置扭曲的

现象。目前，第一产业劳动力资源供给过多并且呈逐渐恶化的态势；第二产业劳动力资源供给总体不足的状况逐渐缓解，但制造业劳动力资源供给不足呈加重态势；第三产业中边际产品价值较低的生活性服务业和公共服务业劳动力资源供给相对过剩，而边际产品价值较高的生产性服务业却面临着劳动力资源供给不足的问题（马颖等，2018）。

资源配置扭曲源于要素市场化改革相对落后，导致生产性要素无法自由流动，从而导致要素资源产业间的配置扭曲。因此，加快调整产业结构转型升级，推进户籍改革制度和社会保障制度等配套服务，使大量的第一产业冗余人力资源在城镇化过程中配置到第二产业以及第三产业中边际产品价值较高的生产性领域中去。通过价格机制来引导人力资本在不同区域不同产业间的流动，从而缓解人力资本的扭曲现象。

2. 处理好国有经济与非国有经济的关系

国有经济是我国国民经济的支柱，在国民经济中起主导作用，非国有经济则是社会主义市场经济的重要组成部分。国有经济的发展依赖于调整和优化国有资本布局，不仅对市场主体起到一个稳固和培育作用，而且能够提高国有企业在对外战略中的竞争力，以及在社会经济与民生建设中具有更重要的意义。另外优化国有资本布局对完善国有资产监管体系、促进国有资本保值增值、增强国有经济控制力影响力带动力也具有积极作用。

首先，加快资本流动、优化国有资本配置，建立国有资本市场化运作的专业平台，将闲置资本用起来，将低效资本投入关键领域，对国有资本进行有效筹划和投资运营，推动资本预算市场化。对一些运行效率低下、国有资本比重较高的行业向非国有企业开放，通过竞争机制提升资源配置效率。

其次，明确资本配置的目标定位和功能定位，根据其目标和功能定位的不同再考虑各个产业间不同区位之间的配合、同一区位上下游产业间的配合。从"大国资"视角对产业类国有资本（实体经济类国有资本）与金融类国有资本的产业布局与结构进行统筹安排（肖红军，2021），使得金融类国有资本更好地服务于产业类国有资本。

再次，搭建公开有效的资本流动配置平台，减少对国有金融资本的过度占用，确保国有金融资本在金融领域保持必要的控制力，合理调整国有金融资本在银行、保险、证券等行业的比重，提高资本配置效率，实现战略性、安全性、效益性目标的统一；推动国有金融机构回归本源、专注主业，显著增强金融服务实体经济的能力。

最后，完善资本收益管理评价体系，对不同功能定位、不同行业领域、不同发展阶段的国有企业实行分类、差异化考核，突出质量第一、效益优先、服务国家战略、创新驱动发展等。

3. 处理好政府现代化治理与优化营商环境的关系

优化营商环境不仅是激发各类市场主体活力的重要途径，而且是提升中国政府治理能力的关键战略（王磊等，2022）。优化营商环境的前提在于深入贯彻落实"放管服"改革。"放管服"改革的目的在于转变政府的职能，简政放权，创新监管，高效服务，进而激发各类市场主体活力，提供一个公平竞争的环境氛围，最终建立符合法治化、市场化、国际化的营商环境。"放管服"改革从约束、精简政府的权力出发，尽量减少政府对市场的人为干预，进而保持市场的自治权。然而，我们也要防止出现"一管就死，一放就乱"的局面，这就对处理好政府与市场边界提出了新要求。放权要有所放有所不放，政府审批权限可下放，但自上而下的审批监管责任不能放。监管要有所为有所不为，把应管的管起来，把不该管的交给市场。对该管的要守住"安全"底线，在事中事后监管上下真功夫，而不是在审批中人为增加程序、设置壁垒（龙海波，2022）。

（四）始终坚持全民参与的社会协同

构建中国式现代化体系不能缺少公众参与社会协同。公众参与可以培育公民的志愿精神和参与热情，公众参与是社会和谐稳定的基础。公众参与不是一个口号，构建中国式现代化体系需要让群众做到自己的事自己办。在中国，公众参与的基本形式是村（居）民自治，所以要想做到公众参与，基层自治组织需要充分发挥作用。只有基层自治组织提高群众的自治能力并创造公众参与条件，把广大群众有效动员组织起来，才能去形成社会和谐人人参与、和谐社会人人共享的良好局面。这一良好局面的形成代表着我们向中国式现代化体系迈进了一大步。

1. 政府需要构建新型管理格局

这个新型管理格局是"社会协同、公众参与"的社会管理工作格局，想要形成这种格局，我们需要做到以下两点：一是要适应社会结构变化，这要求我们要培养公民自主参与的精神，然后保障大家的独立性和自主性，我们可以以公共服务为基础和前提条件，然后在服务中实现管理。二是要明确政府在社会管理中占主导地位的这一思想，然后主动承担社会管理职责。

2. 政府需要转变社会管理理念

当今政府应建立一套与现代化发展相适应的管理体制，转变传统的社会管理理念。如社会本位、共同治理、有限政府和服务型政府这些新型社会管理理念。这就必然要求政府得快速进行体制改革，搞清楚自己的职能定位，明白去管什么和怎样去管。

3. 政府需要转变自身管理职能

当今政府应创新公共服务方式，在之前已提供公共服务方式的基础上，政府应该对其再进行创新，用来适应现代社会管理的需要。创新提供公共服务是政府社会管理的前提，然而在公共服务中，要想做到社会协同，需要不断健全和完善社会保障体系。

4. 政府需要培育新型社会组织

加大各种新型社会组织的培育，能够促进社会公众参与，慢慢地让社会组织和公众变成社会管理的真正主体。培育和发展各类社会组织，能够使一些社会组织变成政府进行社会管理的依托，这样政府就能对全社会进行有效覆盖和全面管理；而且各类社会组织的建成不仅能增强公民的参与能力和参与意识，还能保障公众参与国家事务管理的权利，做到真正的"社会协同、公众参与"的社会管理工作格局。

（五）始终坚持依法治国的治理模式

从古至今，法律一直是国家意志的一种表现。如今，在构建中国式现代化体系的过程中，依法治国是不可或缺的一部分。

1. 从历史来看

改革开放以来，我国改善了以前的不足之处，取得了举世瞩目的成绩，迈入了全面建设社会主义现代化强国的新征程。推进治理体系和治理能力现代化是全面建设社会主义现代化国家的必然要求。早在2014年党的十八届四中全会上，习近平总书记就论述了国家治理现代化与依法治国之间的关系。在这次全会上，总书记在关于中共中央政治局工作的报告中强调，"依法治国，是坚持和发展中国特色社会主义的本质要求和重要保障，是实现国家治理体系和治理能力现代化的必然要求"，并在《〈中共中央关于全面推进依法治国若干重大问题的决定〉的说明》中再次强调，"全面推进依法治国是关系我们党执政兴国、关系人民幸福安康、关系党和国家长治久安的重大战略问题，是完善和发展中国特色社会主义制度、推进国家治理体系和治理能力现代化的重要方面"。

2. 从实践来看

在立法方面，我国在法治轨道上推进社会主义现代化国家建设，意味着必须科学立法。要依宪立法，宪法在经历了多次的修改完善，已经形成一套完善的法律体系。宪法要贯彻党的方针政策，使党的主张和人民意志通过法定程序统一起来；宪法要规范立法，促进立法内在协调，在立法的过程中，考虑到是否和现实相接轨、可以让法律更加贴近现实。在治理方面，现代化国家必然以现代法治作为自己治理国家和社会的基本准则。是否实行法治也是现代国家与传统国家的重要区别。但在依法治理的过程中，我们不能完全依赖法律。法律是死的，但人是活的。在现代，在一些事情的处理中完全依靠法律反而很可能会丧失公平性，有些恶人会利用法律的漏洞逍遥法外，有些善良的人可能需要为了救人而触犯法律，陷入了两难的境遇。因此，我们要司法公正，有着更富人情味的治理，社会主义现代化强国建设才能得到广大人民群众的衷心拥护与热情参与，才能调动社会各个方面的积极性和创造性。

3. 从西方来看

中国法治和西方法治有一些共性的东西，中国法治和西方法治都是一种制度规范，各自为其国家服务；在目的和意义上，中国法治和西方法治有一些共同的特性，比如两者都是治理是非、伸张正义，遵守其文化背景下的道德原则和公平合理观念等，都是为了规范竞争让竞争更有序；在发展状态上，中国法治和西方法治都处于一个发展的状态，还需要不断完善。中国法治和西方法治是有区别的，在渊源上，中国古代法律文化中"法"的外延主要是礼，"礼"即行为模式，法是一种惩罚性的法律后果。刑起于兵，法源于礼。礼是中国古代法的重要渊源，而礼产生于被统治者强化和系统化的祭祀，并在阶级演化中逐步上升为规范人们社会关系的制度。在思想上，中国受到了法家和儒家思想共同的影响，公平公正是基础，但我们会在一些事情的处理上保护弱势群体；而在西方国家则讲究"绝对的公平公正、人人平等"。中国的法治面对的环境更复杂，因为中国社会近代的特殊进程，目前中国的法治是一个"一国、两制、三法系、四法域"的开放型法治。虽然同属于一个中国，但香港、台湾、澳门民众的观念和价值观跟大陆不一样，实行的也并不是中国大陆的社会主义法系。对比之下，西方的法治基本没有像中国这么复杂的法治对象，这也让中国法治在发展、改进的过程中要更加谨慎，不能照搬西方法治，要建立一个科学全面适应中国式的现代"治理模式"。

（六）始终坚持共同富裕的奋斗目标

《史记》有言："治国之道，富民为始。"共同富裕自古以来就是人们所关注与追求的目标。在构建中国现代化体系的过程中，也同样为共同富裕的未来指明了方向。共同富裕不是字面意义上的"均贫富"。目前，我们已经全面建成小康社会的目标，要继续把做大蛋糕和分好蛋糕这两件事情办好,大力推动高质量发展,普遍提高城乡居民收入水平,逐步缩小分配差距,坚决防止两极分化。共同富裕是全体人民的富裕,是人民群众物质生活和精神生活的共同富裕,不是少数人的富裕,也不是整齐划一的平均主义(张东旭等,2021)。

关于实现共同富裕,不论在理论上还是实践上,我们都不会通过"削平"先富起来群体的财富来实现共同富裕。从共同富裕的内涵层面来说,共同富裕在中国式现代化体系中具有发展性、合作性、可持续性、公平与效率的特征。

1. 发展性

发展是实现共同富裕的首要前提。在当今高速变化的国际形势下,知识、技术与政策都在不断更新变化,想要实现共同富裕的宏伟目标,就要随着时代的改变而不断更新与发展,寻求最适合本国与当下的道路,才能实现以最有效的方式前进。同时,在实现中国式现代化的过程中,同样会助推共同富裕的发展,实现互利共赢、双向发展的形态。

2. 合作性

合作性是共同富裕的必要条件。共同富裕本身代表着人们需要团结协作,共同努力。我们要支持并鼓励通过勤劳、创新致富,辛勤劳动,合法经营,允许一部分人先富起来,先富带后富、帮后富,不搞"杀富济贫"。实现中国式现代化体系的道路上同样需要实现合作发展,由此可见,"合作"在共同富裕及中国式现代化体系建设的实现过程中显得尤为重要。只有通过众人的共同努力，才能最终实现共同富裕的目标。

3. 可持续性

共同富裕应具备可持续性。习近平总书记曾提出，要在高质量发展中推进共同富裕。所谓可持续性，就是要坚持全面发展，坚持五大发展理念，提高自主创新能力，着力塑造竞争产业新优势，提升经济循环效率，不断激发各类市场主体活力。要让发展成果惠及全体人民特别是低收入群体，不仅要提高他们的收入水平，更需要提高他们的增收能力，从而实现区域、城乡、群体之间的协调发展，实现区域、城乡、群体之间的协调性。另外还需要通过放宽市场准入、调整落后地区产业政策、优化产业结构、提升落后地区发展能力等措施来提高经济发展的协调性。

4. 公平与效率

2021年8月17日，习近平总书记主持召开中央财经委员会第十次会议指出："要坚持以人民为中心的发展思想，在高质量发展中促进共同富裕。正确处理效率与公平的关系，构建初次分配、再分配、三次分配协调配套的基础性制度安排，加大税收、社保、转移支付等调节力度并提高精准性，扩大中等收入群体比重，增加低收入群体收入，合理调节高收入，取缔非法收入，形成中间大、两头小的橄榄型分配结构，促进社会公平正义，促进人的全面发展，使全体人民朝着共同富裕目标扎实迈进。"

四、结语

实践证明，条条道路通罗马。中国特色社会主义现代化建设的实践依然证明，通往现代化的道路并非只有一条。中国式现代化的新方案为通向成功标注了鲜明的方向和路径。全面建成社会主义现代化强国，总的战略是分两步走：从2020年到2035年基本实现社会主义现代化，从2035年到21世纪中叶把我国建成富强民主文明和谐美丽的社会主义现代化强国。在通往中国式现代化的道路上，必须坚持和加强党的全面领导、必须坚持中国特色社会主义道路、必须坚持以人民为中心的发展思想、必须坚持深化改革开放、必须坚持发扬斗争精神。

总之，中国式现代化不仅是全体人民共同富裕的现代化，更是物质文明和精神文明相协调的现代化，也是人与自然和谐共生的现代化，是走和平发展道路的现代化。共同富裕与实现中国式现代化相辅相成，实现共同富裕的道路任重而道远，需要我们共同的努力！

中国式现代化已经近在咫尺，党的二十大是对美好中国未来的一次擘画，未来的中国必将更加美好，人民必将更加幸福，更需我们砥砺前行，不忘初心，牢记使命。未来的路会更加任重道远，但中国未来也必将"走得更稳、走得更好、走得更快、走得更直"。

参考文献

徐苡珊,赵文武,韩逸,等,2022.后疫情时代生态保护与可持续发展——中国生态文明与可持续发展2021年学术论坛述评[J].生态学报(21):1-6.

曹茂莲,张莉莉,查浩,2014.国内外实施绿色GDP核算的经验及启示[J].环境保护,42(4):63-65.

张军扩,侯永志,刘培林,等,2019.高质量发展的目标要求和战略路径[J].管理世界,35(7):1-7.

侯永志,贾珅,2019.从长期增长动力结构角度认识经济发展的一般性规律与中国经济发展经验[J].中国经济报告(3):22-29.

王效云,2022.新冠肺炎疫情冲击下中东欧国家的经济韧性:表现、原因和启示[J/OL].俄罗斯东欧中亚研究(5):144-164,170.

黄海,2022.弘扬优秀传统文化 助力文化强国建设[J].汉字文化(16):164-166.

王跃生,马相东,刘丁一,2022.建设现代化经济体系、构建新发展格局与推进中国式现代化[J].改革(10):12-23.

[8]薄海,赵建军,2018.生态现代化:我国生态文明建设的现实选择[J].科学技术哲学研究,35(1):100-105.

郝栋,2020.推进生态补偿制度体系的建立与完善[J].中国党政干部论坛(8):70-72.

盛明科,岳洁,2022.生态治理体系现代化视域下地方环境治理逻辑的重塑——以环保督察制度创新为例[J].湘潭大学学报(哲学社会科学版),46(3):99-104.

王曼倩,郝栋,2018.基于生态现代化的新时代中国特色生态文明建设[J].理论视野(6):78-83.

简泽,徐扬,吕大国,等,2018.中国跨企业的资本配置扭曲:金融摩擦还是信贷配置的制度偏向[J].中国工业经济(11):24-41.

马颖,何清,李静,2018.行业间人力资本错配及其对产出的影响[J].中国工业经济(11):5-23.

肖红军,2021.国有资本运营公司改革进展与深化方向[J].改革(11):42-61.

刘志彪,2022."双循环"新发展格局与中国经济的运行逻辑、特点、风险[J].社会科学战线(8):82-88.

王磊,景诗龙,邓芳芳,2022.营商环境优化对企业创新效率的影响研究[J].系统工程理论与实践,42(6):1601-1615.

孙冰,谢玮,王红茹,等,2022.新时代 新征程 新辉煌——二十大代表与社会各界人士热议二十大报告[J].中国经济周刊,(20):26-36.

本刊记者,2022.以高水平安全服务高质量发展——落实安全生产十五条措施观察[J].中国应急管理,(5):20-31.

龙海波,2022.以"放管服"改革持续优化营商环境[J].晋阳学刊,(5):26-32.

张旭东,安蓓,孙闻,等,2021.为人民谋幸福的关键着力点[N].新华每日电讯,2021-11-06(8).

郭群英,夏雪,2022.总体国家安全观的实践成就及经验启示[J].治理现代化研究,38(6):5-12.

第四章 新时代推进共同富裕建设评价指标体系研究

杨宜勇　王明姬　纪竞垚

内容提要：构建新时代共同富裕评价指标体系，是落实共同富裕重大战略部署题中应有之义，可以为全国和各区域内评价共同富裕程度、明晰阻碍共同富裕实现的难点提供晴雨表和预警器。本文在系统回顾共同富裕及其他经济社会发展综合性指标体系的基础上，构建以"共同性"和"富裕性"为一级指标、以现阶段各地推进共同富裕实践探索为基础开发二级和三级指标，综合熵权法与专家咨询法为各指标赋权，并运用该指标体系分析了2010年以来我国共同富裕程度的变化趋势以及当前省际差异。分析结果显示，我国共同富裕指数总体呈上升态势，但"共同性"呈现一定的下降态势。在省际层面，北京、浙江、上海、江苏和广东等东部地区的共同富裕指数相对较高，而西藏、新疆、云南、青海等中西部地区的共同富裕指数相对较低，急需补上发展短板。

关键词：共同富裕；指标体系；高质量发展；熵权法；省际差异

党的二十大报告指出："中国式现代化是全体人民共同富裕的现代化。共同富裕是中国特色社会主义的本质要求，也是一个长期的历史过程。我们坚持把实现人民对美好生活的向往作为现代化建设的出发点和落脚点，着力维护和促进社会公平正义，着力促进全体人民共同富裕，坚决防止两极分化。"

一、构建新时代共同富裕指标体系的重要意义

构建共同富裕指标体系是落实共同富裕重大战略部署的应有之义，为在全国范围内推进共同富裕提供衡量标准。

一是通过各维度指标衡量现阶段我国共同富裕现状，对共同富裕发展趋势及区域差异等进行客观可比的评价。

二是明晰达成共同富裕存在的主要问题，使其成为评价共同富裕程度的预警器和晴雨表，助力全国层面和各地区明确阻碍共同富裕实现的主要因素。

三是通过指标设置引导各地建设共同富裕区域，并在各层次实现建设效果的监测评估，为增强人民获得感、幸福感和安全感指明方向。

二、构建新时代共同富裕指标体系的基本原则

指标体系构建需与共同富裕的内涵相契合，党的十八届五中全会明确提出要坚持以人民为中心的发展思想，把增进人民福祉、促进人的全面发展、朝着共同富裕方向稳步前进作为经济发展的出发点和落脚点，因而在指标体系构建时需本着如下方面去践行。

一是"共同"中包容"差异性"。共同富裕并不意味着同等富裕、同步富裕，而是普遍富裕上的差别富裕，要允许并认可不同人群和区域的富裕水平在一段时期内存在时序差别，发挥合理的收入差距对经济持续高质量发展的推动作用。因此，在选择指标时，既要体现"共同性"，又要体现"差异性"，以达到效率优先、兼顾公平的效果。

二是"富裕"中体现"全面性"。"富裕"代表了人民平均生活水平达到发达国家生活丰裕的程度，是生产力和生产关系协同发展的高级状态，是政治、经济、社会、文化和生态环境五位一体高度协调的状态。因此，在设定共同富裕的指标体系时，应包括政治、经济、文化、社会、生态等多方面，任何一个领域滞后，都影响共同富裕目标的实现。

三是注重"统一性",力求"简洁性"。复杂的指标体系看似科学,却忽视了指标重复性和相互关联的机理,造成部分指标的作用因素过大,或重点不突出,反而使评估结果失真。应从全国视域衡量共同富裕程度,各指标层次需相互独立,指标数量力戒"多多益善",避免出现"多重共线性"和冗余信息问题。个别地区的评价标准相对"碎片",不利于全国不同地区、城乡、人群的统一衡量。

四是遵循"通用性",彰显"中国化"。中国与世界既是利益共同体,更是命运共同体。评估我国的共同富裕进程,不仅评价指标的来源要权威、准确、可操作、无歧义,而且要彰显中国特色,因此,本文主要选取符合代表社会主义初级阶段的客观指标,既不能过时,也不能超前。

三、新时代共同富裕指标体系的遴选过程

充分考虑共同富裕内涵与指标设置原则，结合相关研究启示，本文将共同富裕评价指标分为三级（见表4-1）。其中，一级指标为"共同性"与"富裕性"；二级指标为"共同性"与"富裕性"的具体阐释。"共同性"包括城乡差异、区域差异和人群差异。"富裕性"分为经济发展、政治文化和生态环境三大维度。每个维度指标数量相对均衡、有所侧重。

"共同性"方面共4个指标。城乡差异用城乡居民收入倍差操作化，区域差异用区域人均收入极值测量，人群差异用中等收入群体比例和基尼系数衡量。

"富裕性"方面共14个指标。比如，经济发展维度主要体现物质、精神及公共服务情况，共计8个指标。其中，人均国内生产总值、居民人均可支配收入、劳动报酬占GDP比重和居民恩格尔系数反映居民物质生活程度；基本养老保险参保率、6岁以上人口平均受教育年限、每千人口拥有执业（助理）医师数主要反映教育、养老、医疗等制约公共服务均等化发展的三大主要矛盾。互联网普及率在一定程度上反映居民生活便捷程度。

政治文化维度主要体现政治文化水平，共计3个指标。在"小

政府，大社会"的指引下，每万人拥有登记社会组织数也在一定程度上体现了人民民主情况。文化产业增加值占GDP比重主要反映文化产业发展程度，教育文化娱乐支出占总消费比重可以在一定程度上反映人们精神需求的满足情况。

生态环境维度主要体现人与自然的关系，共计3个指标。主要包括能源能耗（单位GDP能耗）、碳排放（单位GDP碳排放）、水环境（对生活污水进行处理的乡占比例）等。

表4-1 共同富裕指标体系

一级指标	二级指标	三级指标
共同性	城乡差异	城乡居民收入倍差
	区域差异	区域人均收入极值（元）
	人群差异	中等收入群体比例（%）
		基尼系数
富裕性	经济发展	人均国内生产总值（万元）
		居民人均可支配收入（元）
		劳动报酬占GDP比重（%）
		居民恩格尔系数
		基本养老保险参保率（%）
		每千人口拥有执业（助理）医师数（人）
		6岁以上人口平均受教育年限（年）
		互联网普及率（%）
	政治文化	文化产业增加值占GDP比重（%）
		教育文化娱乐支出占总消费比重（%）
		每万人拥有登记社会组织数（个）
	生态环境	单位GDP能耗（吨标准煤/万元）
		单位GDP碳排放（吨/万元）
		对生活污水进行处理的乡占比例（%）

四、新时代共同富裕指标体系的数据来源

为保障指标体系的数据质量,本文的数据皆来自权威统计数据,如国家统计局官网、统计年鉴、统计公报等公开数据资料,也有个别指标尚无直接数据来源,需要通过全国性调查数据进行测算。例如中等收入群体比例指标,由于不同学者对中等收入群体的界定和操作化有所差异,所以该指标数据来源并不一致。但该指标是衡量共同富裕的重要指标,故本文结合以往相关研究,利用全国性调查数据——中国劳动力动态调查数据进行计算,从而得到该指标。

需要说明的是,受制于数据可获得性,在全国与各省份数据收集过程中的部分指标略有差异。如全国指标中将互联网普及率替换为移动电话普及率,将中等收入群体比例替换为常住人口城镇化率,6岁以上人口平均受教育年限替换为文盲率,养老保险参保率替换为每千名老年人拥有养老床位数,同时剔除区域人均收入极值、基尼系数等反映全国性区域差异的指标。

五、新时代共同富裕指标的权重测算

现有研究中关于指标赋权方法包括主观赋权法、客观赋权法和综合赋权法。主观赋权法主要依据专家的知识经验，对各指标的重要程度进行比较，直接分配权重或构造出判断矩阵来计算权重，其认为权重的实质是评价指标对于评价目标相对重要程度的量化体现，主要包括德尔菲法、层次分析法、环比评分法等。客观赋权法是基于一定的数学理论，在对指标实际数据进行定量分析的基础上确定指标权重的方法，可以保证权重的绝对客观性，主要包括熵权（值）法、主成分分析法、因子分析法、变异系数法等。综合赋权法是基于主、客观赋权法各自的优势，将两者所得的权重进行综合集成，或根据一种权重对另一种权重进行部分修正（毛锦凰，2021）。为确保指标体系赋权的科学性，对于共同富裕评价指标体系主要采取客观赋权法中的熵权法进行赋权，此后辅之以专家咨询法对权重进行微调，以提高权重的适用性。

熵权法是一种客观赋权方法，其基本思路是根据指标变异性的大小来确定客观权重。其依据的原理是指标的变异程度越小，所反映的信息量也越少，其对应的权值也应该越低。为此，本研究对数据进行以下处理。

第一步，对数据进行预处理。假设有 n 个要评价的对象，m 个评价指标（已经正向化）构成的正向化矩阵如下：

$$X = \begin{bmatrix} x_{11} & x_{12} & \cdots & x_{1m} \\ x_{21} & x_{22} & \cdots & x_{2m} \\ \vdots & \vdots & \ddots & \vdots \\ x_{n1} & x_{n2} & \cdots & x_{nm} \end{bmatrix}$$

对数据进行标准化，标准化后的矩阵记为 Z，Z 中的每一个元素的计算公式为：

$$z_{ij} = x_{ij} \Big/ \sqrt{\sum_{i=1}^{n} x_{ij}^{2}}$$

判断 Z 矩阵中是否存在负数，如果存在的话，需要对 X 使用反向标准化方法。对矩阵 X 进行一次标准化，标准化公式如下：

$$\tilde{Z}_{ij} = \frac{x_{ij} - \min\{x_{1j}, x_{2j}, \ldots, x_{nj}\}}{\max\{x_{1j}, x_{2j}, \ldots, x_{nj}\} - \min\{x_{1j}, x_{2j}, \ldots, x_{nj}\}}$$

第二步，计算第 j 项指标下第 i 个样本所占的比重，并将其看作相对熵计算中用到的概率。在上一步的基础上计算概率矩阵 P，P 中的每一个元素如下：

$$p_{ij} = \frac{\tilde{z}_{ij}}{\sum_{i=1}^{n} \tilde{z}_{ij}}$$

第三步，计算每个指标的信息熵，并计算信息效用值，并归一化得到每个指标的熵权。对第 j 个指标而言，其信息熵的计算公式为：

$$e_j = -\frac{1}{\ln n}\sum_{i=1}^{n} p_{ij}\ln(p_{ij})(j=1,2,\dots,m)$$

其中，e_j 越大，则第 j 个指标的信息熵越大，其对应的信息量越小。

定义信息效用值 d_j，公式如下：

$$d_j = 1 - e_j$$

将信息效用值归一化，得到每个指标的熵权：

$$W_j = d_j \Big/ \sum_{j=1}^{m} d_j$$

然而，熵权法计算各指标权重主要是基于数据导向，根据数据信息差异化程度赋权。为进一步提高指标权重的科学性，本文辅之以德尔菲法选取10位相关领域权威专家对指标权重进行调整完善。专家选取标准为：（1）经济社会领域权威专家及政府相关职能部门的领导；（2）具有中、高级技术职称或行政职级在副处级及以上；（3）愿意参与本研究；（4）能保证在课题研究的时间内参与咨询。通过对10位专家进行咨询，我们获取了专家对指标重要性的评分情况及修改意见，综合专家意见后，对评价指标进一步筛选和整理，得出指标体系最终权重（见表4-2）。

表4-2 共同富裕指标体系权重设定

一级指标	二级指标	三级指标	调整权重
共同性（0.308）	城乡差异（0.095）	城乡居民收入倍差	0.095
	区域差异（0.094）	区域人均收入极值（元）	0.094
	人群差异（0.119）	中等收入群体比例（%）	0.060
		基尼系数	0.059
富裕性（0.865）	经济发展（0.365）	人均生产总值（万元）	0.053
		居民人均可支配收入（元）	0.054
		劳动报酬占GDP比重（%）	0.040
		居民恩格尔系数	0.050
		基本养老保险参保率（%）	0.042
		每千人口拥有执业（助理）医师数（人）	0.036
		6岁以上人口平均受教育年限（年）	0.050
		互联网普及率（%）	0.040
	政治文化（0.191）	文化产业增加值占GDP比重	0.067
		教育文化娱乐支出占总消费比重（%）	0.052
		每万人拥有登记社会组织数（个）	0.072
	生态环境（0.136）	单位GDP能耗（吨标准煤/万元）	0.045
		单位GDP碳排放（吨/万元）	0.047
		对生活污水进行处理的乡占比例（%）	0.044

六、新时代共同富裕指标体系的指数合成

由于每个指标量纲、经济意义以及对总目标的作用方向并不相同，不具有可比性，须对每个指标进行无量纲处理，以消除指标量纲影响。主要采取极值法来消除量纲，公式如下：

$$x_i^* = \frac{x_i - x_{\min}}{x_{\max} - x_{\min}}$$

用每一变量值减去该变量最小值后，除以该变量最大值与最小值的差值，极值法得到的无量纲化结果均分布于区间（0，1）内。之后，运用加权求和法计算各个维度的指数，分别形成经济发展指数、社会发展指数、文化文明指数和生态环境指数，具体公式如下：

$$Q_i = \sum_{i=1}^{n} x_i^* \cdot w_i$$

通过四大维度指数，最终加权求和得到共同富裕最终指数，即：

$$P = \sum_{i=1}^{n} Q_i \cdot w_i$$

七、我国共同富裕现状及变化趋势

2010年以来，我国共同富裕水平呈稳步提升态势，如图4-1所示。在富裕性方面，2010年以后增长速度逐步提升，但共同性方面却存在总体平稳、略有下降趋势。特别是2015年以后基尼系数有上升态势，从2015年的0.462上升到2018年的0.468。区域人均可支配收入极值从2010年的9561元提高到2019年的15453元。

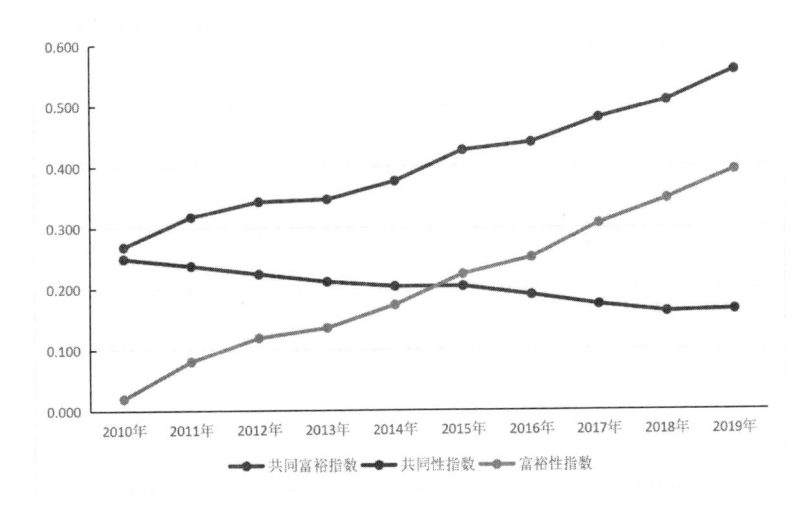

图4-1 共同富裕指数变化趋势（2010—2019年）

对2025年和2035年进行预测，结果显示，2020—2035年间我国共同富裕指数呈现平稳增长趋势，如表4-3所示。富裕性指数稳步上升，但相比于2010—2020年间增长速度稍有放缓。共同性指数不断提高，预计2025—2035年城乡差距、区域差距和人群差距持续缩小。

表4-3 2010—2035年共同富裕程度

年份	共同富裕指数	共同性指数	富裕性指数
2010年	0.269	0.249	0.020
2015年	0.426	0.203	0.223
2020年	0.591	0.167	0.424
2025年	0.673	0.194	0.479
2035年	0.911	0.258	0.653

数据来源：作者根据相关资料整理计算。

八、客观看待共同富裕的省际差异

首先，共同富裕指数总体差异较大。如表4-4中的数据显示，北京、浙江、上海、江苏和广东等东部地区的共同富裕指数相对较高，而西藏、新疆、云南、青海等中西部地区的共同富裕指数相对较低。各省份之间的共同富裕程度指数具有较大差异，反映出目前我国不同地区间存在发展不均衡状况。例如，北京的共同富裕指数为0.569，西藏为0.117，北京的共同富裕程度是西藏的4.86倍。共同富裕指数排名前列的省份绝大多数位于东中部沿海经济发展水平较高地区，这些地区开放程度和市场化程度高，要素流动相对自由，经济发展质量相对较高，社会保障和文化发展水平也相对较高。而综合指数排名较后的地区则为经济发展相对落后的中西部地区，因而，经济发展是实现共同富裕的重要前提。

表4-4 各省（自治区、直辖市）共同富裕指数分布情况

地区	共同富裕指数	富裕性指数	共同性指数
北京市	0.569	0.547	0.022
天津市	0.379	0.348	0.031
河北省	0.301	0.283	0.018

（续表）

地区	共同富裕指数	富裕性指数	共同性指数
山西省	0.273	0.256	0.017
内蒙古自治区	0.312	0.295	0.017
辽宁省	0.313	0.293	0.020
吉林省	0.314	0.293	0.021
黑龙江省	0.309	0.285	0.024
上海市	0.508	0.482	0.026
江苏省	0.474	0.453	0.021
浙江省	0.512	0.490	0.022
安徽省	0.319	0.303	0.016
福建省	0.382	0.363	0.019
江西省	0.321	0.303	0.018
山东省	0.347	0.329	0.018
河南省	0.312	0.295	0.017
湖北省	0.340	0.322	0.018
湖南省	0.351	0.336	0.015
广东省	0.387	0.370	0.017
广西壮族自治区	0.285	0.272	0.013
海南省	0.342	0.325	0.017
重庆市	0.343	0.326	0.017
四川省	0.291	0.276	0.015
贵州省	0.278	0.272	0.006
云南省	0.260	0.252	0.008
西藏自治区	0.117	0.112	0.005
陕西省	0.345	0.333	0.012
甘肃省	0.292	0.287	0.005
青海省	0.271	0.260	0.011
宁夏回族自治区	0.284	0.270	0.014
新疆维吾尔自治区	0.227	0.213	0.014

数据来源：作者根据相关资料整理计算。

其次，从一级指数来看，富裕性指数排名和共同性指数排名并不一致。在富裕性指数方面，北京（0.547）、浙江（0.490）、上海（0.482）、江苏（0.453）和广东（0.370）是富裕性指数最高的五大省份，而西藏（0.112）、新疆（0.213）、云南（0.252）、山西（0.256）和青海（0.260）的富裕性指数为全国排位最后的五大省份。不同省份的富裕性指数差异较大，例如富裕性指数最高的北京是最低西藏的4.88倍。在共同性指数方面，天津（0.031）、上海（0.026）、黑龙江（0.024）、浙江（0.022）和北京（0.022）是排名最高的五个省份，其城乡人群差异相对较小，且东北地区的城镇化率相对较高，故上述省份的富裕差异性相对较小。

再次，从二级指标来看，不同省份推进共同富裕所面临的挑战和工作的重点各有不同。在富裕程度中的经济发展、政治文化和生态环境方面，不同省份表现出不同特征，但总体而言，北京、上海、浙江、江苏、广东等省份的各维度指标呈现较好态势。具体而言，在经济发展维度上，北京（0.320）、上海（0.254）、浙江（0.244）、江苏（0.207）和天津（0.189）的经济发展指标较好（见图4-2）。在政治文化维度上，浙江（0.143）、江苏（0.133）、北京（0.125）、上海（0.114）和湖南（0.112）的指标表现较优（见图4-3）。北京、上海作为中国政治经济文化的中心，一直以来都聚集了大量优质公共资源，浙江、江苏等省份文化产业相对活跃，公共文化服务供给更加充足。在生态环境维度上，海南（0.123）、福建（0.117）、上海（0.114）、江苏（0.113）和重庆（0.112）的指标表现相对较好（见图4-4），海南、福建、江苏等地自然资源禀赋相对较好，同时在发展过程中，上海等地更注重人与自然和谐共生，将环境保护纳入经济社会发展的重要指标。而宁夏、内蒙古、山西、青海等地在生态环境方面排名较后，一方面受自然条件限制，另一方面在经济建设初期，部分省份以牺牲生态环境为代价换取了经济短期快速发展，从长远来看不利于促进共同富裕。

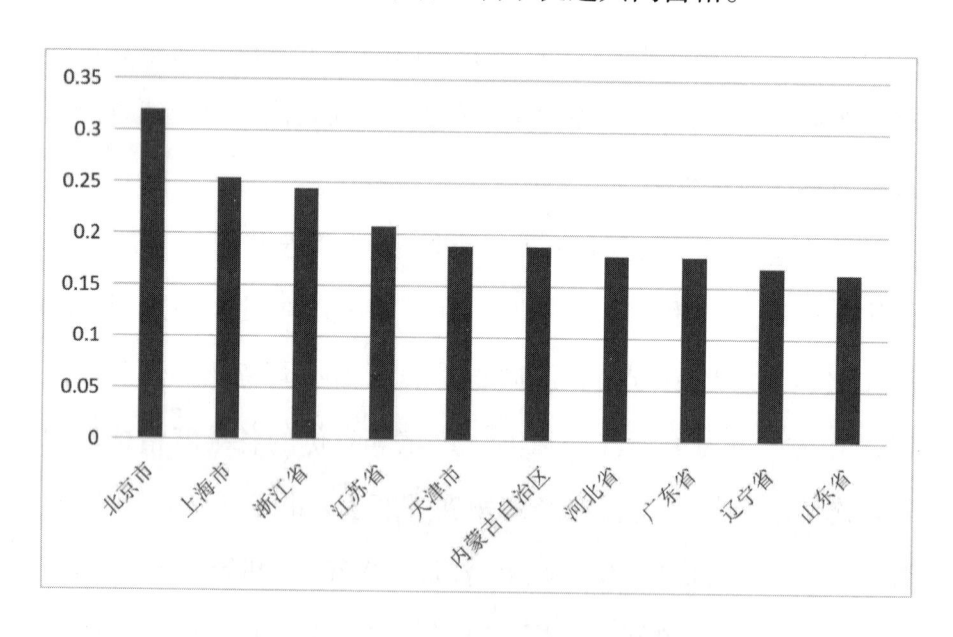

图4-2 经济发展指数前十位省份

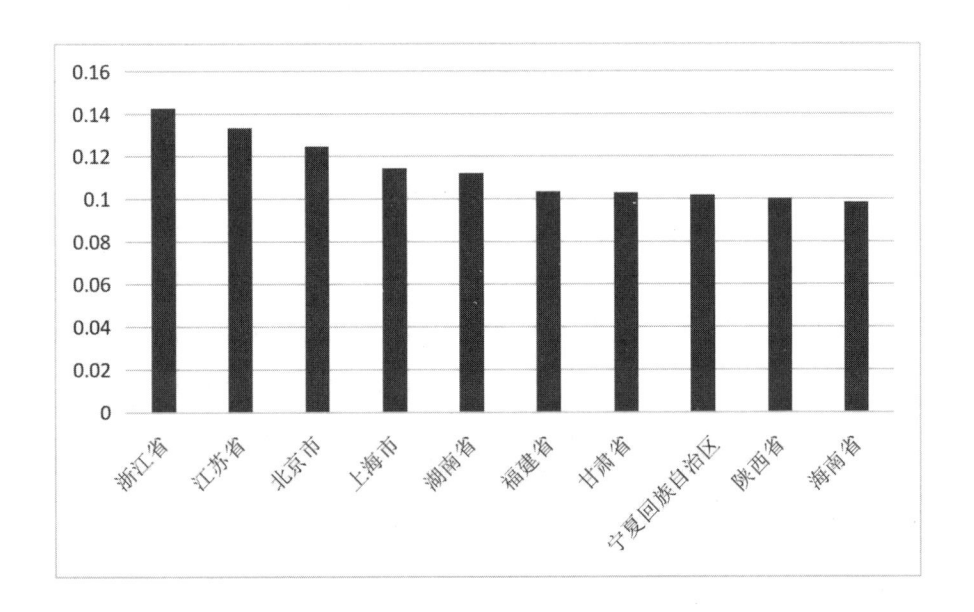

第四章 新时代推进共同富裕建设评价指标体系研究

图4-3 政治文化指数前十位省份

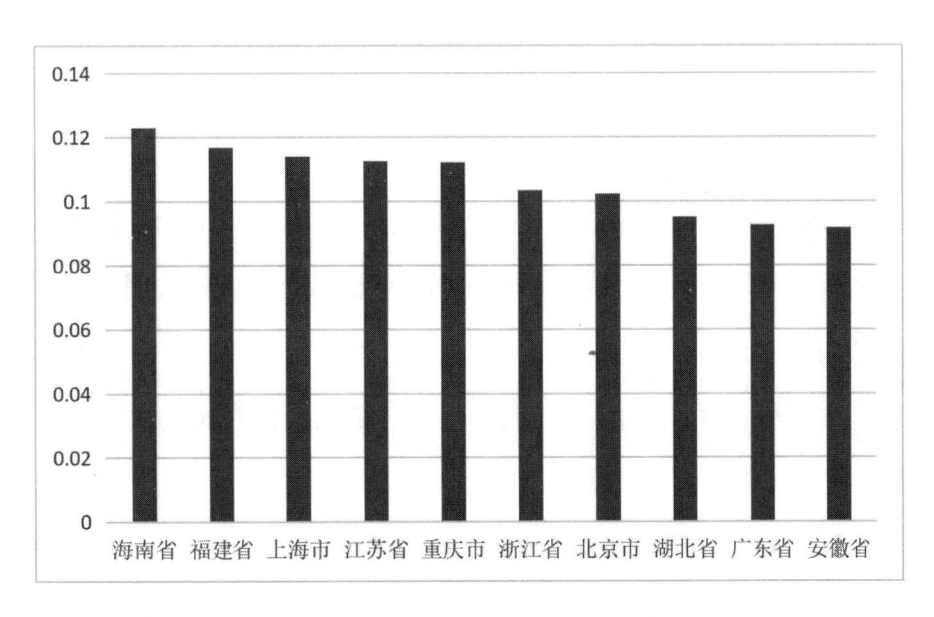

图4-4 生态环境指数前十位省份

九、关于测量共同富裕的主要结论与讨论

共同富裕是既具世界关注又具中国特色的重要理论与实践问题，目前尚无对共同富裕内涵的统一理解。构建共同富裕指标体系有利于进一步厘清共同富裕的内涵外延，为深入推进共同富裕重大战略部署切实落地具有重要意义。

本文基于共同富裕内涵，结合指标设置的相关考虑，尝试建构了由"共同性"和"富裕性"两大维度18个指标构成的共同富裕指标体系。该指标体系总体涵盖了经济、社会、文化、生态等多领域。同时考虑到指标体系的简洁性和可操作性，选取与共同富裕关系最为密切、在各领域影响更为稳定深远的指标。在此基础上，运用熵权法和德尔菲法相结合对指标体系进行赋权，并基于加权求和法计算共同富裕指数，成为评价我国和各区域、各省份共同富裕推进情况的标准之一。

在指标体系构建的基础上，本文对全国及各省份的共同富裕程度进行测算。结果显示，总体而言，我国共同富裕指数呈上升态势，但相对于"富裕性"而言，"共同性"呈现一定的下降态势，需引起重视。在省际层面，北京、浙江、上海、江苏和广东等东部地区的共同富裕指数相对较高，而西藏、新疆、云南、青

海等中西部地区的共同富裕指数相对较低,且不同省份的"共同性"与"富裕性"以及在经济发展、政治文化和生态环境等各领域存在一定差异。

诚然,受数据可得性等多种因素限制,本指标体系仍存在不足。后续可以常态化建设共同富裕指标数据库,明确共同富裕评价指标体系中各指标对应的数源部门,通过部门间数据共享,打通各数源部门的信息传输壁垒。此外,在分析思路方面,关于共同富裕的标准有待进一步探讨,即是否应该确定一个标准,即达到一个什么样的水平就叫作共同富裕,例如,目前全国城乡人均可支配收入比为2.56∶1,那么是否意味着当城乡人均可支配收入比确定在一个"合理"的范围内即达到了共同富裕等。

参考文献

邓小平,1993.邓小平文选：第3卷[M],北京：人民出版社:161-162.

习近平,2013.胸怀大局把握大势着眼大事努力把宣传思想工作做得更好[EB/OL].http://cpc.people.com.cn/n/2013/0821/c64094-22636876.html.

葛道顺,2021.新时代共同富裕的理论内涵和观察指标[J].国家治理(30):8-11.DOI:10.16619/j.cnki.cn10-1264/d.2021.30.002.

李瑞军,董晓辉,周长峰,2021.系统论视域下新时代共同富裕的思想意蕴和实现路径[J].系统科学学报,29(2):6.

杨宜勇,王明姬,2021.更高水平的共同富裕的标准及实现路径[J].人民论坛(23):72-74.

第五章 促进共同富裕的总体部署和重大举措
——基于缩小城乡差距、区域差距的视角

欧阳慧　李沛霖　李智

内容提要：共同富裕是社会主义的本质要求，是中国式现代化的重要特征。城乡区域视角下的共同富裕是高质量高水平、以人为本、循序渐进、协调帮扶的共同富裕。实现城乡区域均衡发展，促进全体人民共同富裕是一项长期艰巨的任务。党的十八大以来，我国在实现共同富裕的道路上取得了显著的成果，然而在城乡差距、区域差距视角下，实现全面建成小康社会仍面临着许多亟待解决的问题。为此，现阶段应以"城市群先行示范、三步走、五向发力"为促进共同富裕的总体部署，实施"农民工安居城镇计划、欠发达地区'造血'行动、横纵向联动互补机制、基本公共服务均等化、区域服务供给和共享"五大举措，化解区域、城乡之间的不平衡不充分问题，以点带面使全体人民共享经济社会发展成果。

关键词：共同富裕；总体部署；城乡差距；区域差距

共同富裕是社会主义的本质要求，是新时代我国现代化建设远景目标的重要内容。党的十八大以来，以习近平同志为核心的党中央把握发展阶段新变化，把逐步实现全体人民共同富裕摆在更加重要的位置上，推动区域协调发展，采取有力措施保障和改善民生，打赢脱贫攻坚战，全面建成小康社会，为促进共同富裕创造了良好条件。党的十九届五中全会首次提出，到2035年全体人民共同富裕取得更为明显的实质性进展。现在已经到了扎实推动共同富裕的历史阶段，但同时应清醒认识到我国发展不平衡不充分问题仍然突出，城乡区域发展和收入分配差距较大是制约共同富裕的难点，也是有效推进共同富裕的关键着力点。

一、城乡区域视角下共同富裕的内涵与要求

当前我国社会主要矛盾已经转变为人民日益增长的美好生活需要和不平衡不充分的发展之间的矛盾。新时代下，共同富裕就是要基于我国社会主要矛盾变化，着力满足人民日益增长的美好生活需要。从本质上看，共同富裕是社会主义先进生产力和先进生产关系的有机组合，其中"富裕"是生产力，"共同"是生产关系，生产力和生产关系应是相互适应促进的。因此，在城乡区域差距视角下实现共同富裕：一是要瞄准"富裕"这一核心目

标，加强生产力，不断满足人民日益增长的美好生活期盼，这既包括物质方面的需求，还有对精神文化、生态环境等方面的需求，要把新发展理念贯穿发展全过程和各领域，着力将社会财富"蛋糕"做得尽可能大。二是要充分体现"共同"的本质特色，维护好生产关系，着眼解决不平衡不充分的矛盾，着力化解区域、城乡、群体之间的不平衡不充分问题，将社会财富"蛋糕"分得更加公平。以上揭示了促进共同富裕的如下四点基本要求。

其一，实现以人为本的共同富裕。共同富裕的核心是实现人的自由全面发展，把"发展的核心是人"作为价值取向，将"人本原则"作为谋划发展的出发点和落脚点，把人民的主观感受作为衡量成败的核心标准，让人民"有更多、更直接、更实在的获得感、幸福感、安全感"。在城乡区域视角下，共同富裕不仅追求收入上的平等分配，更是实现城乡、区域间人民的权利公平、机会公平、规则公平，使发展更具公平性、普惠性、包容性，最终实现让身处城市、乡村、落后地区的人民都感到满意的共同富裕。

其二，实现高质量高水平的共同富裕。共同富裕不是绝对的平均主义、同步富裕，而是通过社会生产力的不断提高和经济社会的持续发展，在生产力高度发达的基础上，全体社会成员共享改革发展成果的过程。目前，我国仍处于并将长期处于社会主义初级阶段，大力发展生产力，提升城乡和区域经济整体发展水平是实现共同富裕的前提条件和物质基础。在城乡区域视角下，共同富裕的关键是在不断做大"蛋糕"的同时，注重分配结构的优化和发展机会的均等，让发展成果更多惠及落后地区和困难群体，促进以城带乡、乡村振兴，促进发达地区和欠发地区、不同类型地区之间联动发展共同发展，确保发展差距保持在合理区间，在发展中营造相对平衡。

其三，循序渐进地实现共同富裕。国际上特别是拉美国家的教训表明，不尊重规律，超前过度福利化会导致生产效率低下、增长停滞、通货膨胀，收入分配最终反而恶化，陷入"中等收入陷阱"。共同富裕需要立足发展的特定阶段，既要遵循规律、积极有为，又要量力而行、脚踏实地，分阶段制定切实可行的目标任务，在迈向现代化过程中不断地、逐步地实现。在城乡区域视角下，共同富裕是遵循阶段性规律、区域经济发展规律和各地比较优势规律下的渐进过程，"共富"的实现是一个长期积累过程，由无数小阶段组成，而"先富"是组成这个长远过程的一个小阶段。各地区发展步伐有快有慢，富裕时间有先有后，富裕程度有高有低，应在防止两极分化的前提下，坚持先富带动后富，进而实现共同富裕。

其四，协调帮扶地实现共同富裕。共同富裕是从"非均衡"到"均衡"的动态发展历程。一方面，由于各地区发展基础、自然条件、区位条件等存在较大差异，区域间难以达到整齐划一的发展水平；另一方面，区域发展不是封闭的，一个地区优势的发挥很大程度上依赖于与其他地区合作，在深化合作中彰显各区域的特色价值。在城乡区域视角下，共同富裕就是要促进发达地区和欠发达地区、不同类型地区之间联动发展共同发展，确保区域发展差距保持在合理区间，在发展中营造相对平衡。

二、党的十八大以来城乡区域差距视角下共同富裕所取得的成果

党的十八大以来，以习近平同志为核心的党中央把握发展阶段新变化，把逐步实现全体人民共同富裕摆在更加重要的位置上，推动区域协调发展，采取有力措施保障和改善民生，打赢脱贫攻坚战，全面建成小康社会，在缩小城乡区域差距、促进共同富裕方面取得了显著的成果。

（一）城乡公共服务差距显著缩小

党的十八大以来，基本公共服务不断向乡村延伸，多数公共服务在乡村实现了广覆盖，供给水平不断提高。2019年，农村每千人医疗卫生机构床位数、每万人拥有卫生技术人员、幼儿园专任教师分别达到了4.8张、50人和45万人，较2012年分别增长了54.8%、47.1%和95.3%。

（二）区域公共服务差距不同程度缩小

如表5-1所示。

一是中西部教育短板加快补齐。2012—2019年，中部、西部、

表5-1　城乡医疗教育资源（2012—2019年）

年份	每千人医疗卫生机构床位数（张）			每万人拥有卫生技术人员数（人）			幼儿园专任教师（人）		
	城市	农村	城市/农村	城市	农村	城市/农村	城市	农村	城市/农村
2012	6.9	3.1	2.2	85.0	34.0	2.5	737289	229563	3.2
2013	7.4	3.4	2.2	92.0	36.0	2.6	802174	268327	3.0
2014	7.8	3.5	2.2	97.0	38.0	2.6	884373	300752	2.9
2015	8.3	3.7	2.2	102.0	39.0	2.6	956261	341446	2.8
2016	8.4	3.9	2.2	108.0	40.0	2.7	1048592	370517	2.8
2017	8.8	4.2	2.1	109.0	43.0	2.5	1150623	404557	2.8
2018	8.7	4.6	1.9	109.0	46.0	2.4	1230946	425616	2.9
2019	8.8	4.8	1.8	111.0	50.0	2.2	1336427	448416	3.0

来源：国家统计局、Wind数据库。

东北地区的小学师生比（教师设为1）分别从1∶18.63、1∶16.77、1∶18.25小幅变化到1∶17.24、1∶16.82、1∶17.17，东部地区从1∶17.28下降到1∶17.30，一定程度上表明由于人口流动、城乡统筹、国家政策扶持等因素作用，中西部地区的义务教育资源紧张状况得到缓解。与国际相比，我国东中西部和东北地区的小学师生比超过了世界平均水平，义务教育质量得到了有效保障。

二是西部医疗设施水平快速提高。2011—2019年，东部、中部、西部、东北地区每万人拥有卫生机构床位数从37张、37张、39张、46张，提高到57张、64张、68张、69张。与国际相比，1970年美国每万人拥有医院床位数79张，1990年下降至49张，至2012年进一步下降至29张，我国东部、中部、西部、东北地区人均床位数均超过美国。

三是省际文化设施差距逐步缩小。2012—2019年，东部、中部、西部、东北地区人均拥有公共图书馆藏书量分别从0.76册、0.36册、0.45册、0.64册，提高到1.06册、0.51册、0.57册、0.82册，增幅分别达到39.8%、42.6%、26.2%、28.9%，四大板块文化基础设施水平总体处于同步提高状态。从31个省份来看，2011—2019年，省际人均拥有公共图书馆藏书量的变异系数从0.84快速下降至0.66，反映出省际差距逐步缩小。

（三）城乡基础设施差距在部分领域显著缩小

城乡基础设施差距在部分领域显著缩小，如表5-2所示。

表5-2 城乡新增道路、排水管道及用水普及率（2012—2019年）

地区 年份	新增道路长度（万公里） 城市	新增道路长度（万公里） 村庄	新增排水管道（沟渠）长度（万公里） 城市	新增排水管道（沟渠）长度（万公里） 村庄	用水普及率（%） 县城	用水普及率（%） 建制镇	用水普及率（%） 乡	用水普及率（%） 村庄	用水普及率（%） 城市	集中供水的行政村比例
2012年	1.82	10.66	2.5	3.67	86.9	80.8	66.7	57.4	97.2	57.4
2013年	0.92	10.23	2.58	3.71	88.1	81.7	68.2	59.6	97.6	61.3
2014年	1.6	10.12	4.63	3.52	88.9	82.8	69.3	61.6	97.6	62.5
2015年	1.26	10.84	2.84	4.23	90	83.8	70.4	63.4	98.1	65.6
2016年	1.75	12.02	3.7	4.1	90.5	83.9	71.9	65.2	98.4	68.7
2017年	1.54	12.04	5.37	5.15	92.9	88.1	78.8	75.5	98.3	72
2018年	3.44	13.55	5.32	4.82	93.8	88.1	79.2	77.7	98.4	75.2
2019年	2.7	11.39	6.05	4.95	95.1	89	80.5	81	98.8	78.3

数据来源：国家统计局。

一是农村新增道路长度超过城市,"村村通"目标基本实现。2016年末几乎所有村都建有与外界相连的公路,从2012年至2019年,农村新增道路长度远超过城市,每年达到10万千米以上,城乡差距在逐步缩小。村庄近年来新增排水管道长度逐步提升,2017年新增超过5万千米。

二是城乡用水普及率显著缩小,集中供水行政村比例达70%。到2019年末,乡和村庄用水普及率分别达到80.5%和81.0%,较2012年分别增长了13.8个和23.6个百分点,2012—2019年,城市和村庄、城市和乡的差距分别缩小了22个和12.2个百分点。

三是电网、互联网、广播电视网在农村广泛存在。首先,多年的农村电网改造使几乎所有农村都通上了电。其次,农村信息基础设施建设加快,有力推进了互联网宽带网络在农村的广泛覆盖。2016年末,通宽带互联网的村占比96.7%,城乡宽带用户之比由2012年的3.3下降到2019年的2.33,城乡差距显著缩小。最后,2019年农村广播节目和电视节目综合人口覆盖率分别达到了98.7%和99.2%。

(四)区域基础设施差距加快缩小

区域基础设施差距加快缩小,如表5-3所示。

一是区域人均铁路里程差距快速缩小。2019年,东部、中部、西部、东北地区铁路总里程分别达到3.31万千米、3.29万千米、5.56万千米、1.83万千米。人均铁路里程分别达到6.1厘米、

8.8厘米、14.6厘米、17.0厘米，相比2012年，分别提高1.7厘米、2.6厘米、4.3厘米、2.9厘米，表明西部地区的人均铁路里程快速增加，交通基础设施短板正在加快补齐。与国际相比，我国幅员辽阔的西部地区正在快速接近世界平均水平。

表5-3 人均铁路里程

单位：厘米

年份	东部地区	中部地区	西部地区	东北地区	世界	美国
2012年	4.4	6.2	10.3	14.0	14.8	72.7
2013年	4.8	6.4	10.8	14.1	14.6	72.2
2014年	5.1	7.2	11.8	14.2	14.5	71.6
2015年	5.5	7.5	12.9	15.6	14.3	—
2016年	5.5	7.6	13.4	15.5	14.1	—
2017年	5.5	7.6	13.8	15.7	—	
2018年	5.9	7.8	13.9	17.0	—	
2019年	6.1	8.8	14.6	17.0	—	

注：中国数据根据国家统计局数据计算得到，国际数据来源于世界银行。

二是区域互联网普及率差距缩小较快。2012年以来，四大板块互联网普及率均快速提高，中西部和东北地区提高速度更快。2016年，东部、中部、西部、东北地区的互联网普及率分别达到62.2%、46.1%、46.1%、54.8%，相比2012年，分别提高9.4个、12.4个、11.8个、13.0个百分点。与国际相比，2016年四大板块互联网普及率均超过45.9%的世界平均水平。

（五）贫富差距呈微缩态势

从基尼系数显示的趋势来看（见图5-1），改革开放以来，中国的贫富差距呈现三阶段变化。

第一阶段（1981—1996年），为快速扩大期。原因是支持一部分人和地区先富起来政策的实施。

第二阶段（1997—2009年），为平台波动期。表明市场经济下"先发"人群已经接近饱和，区域协同政策下基层群众生活水平得到提高，但由于各地发展情况存在不一致，因此总体差距虽然趋稳，但存在波动。

第三阶段（2010—2020年），为逐步下探期。随着大量中心城市的经济发展从极化走向扩散阶段，都市圈和城市群的建立让后发区域和乡村地区接受了更多的生产要素，获得经济发展和居民收入增长的动力，居民贫富差距扩大的支撑力不足，表明《新型城镇化规划（2014—2020）》等系列市民化举措和城乡融合区域协调发展战略取得实质性效果。

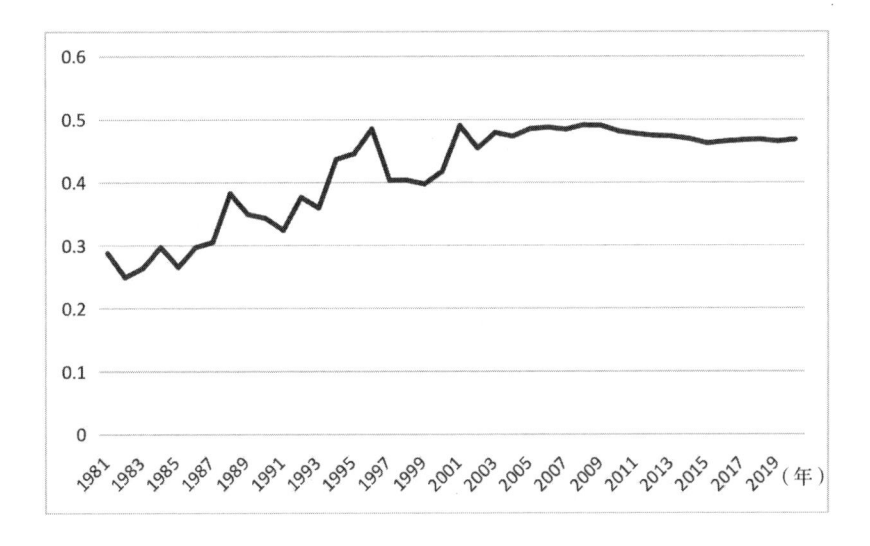

图5-1　1981—2019年全国人均居民收入可支配基尼系数

数据来源：国家统计局以及房汉廷的作品《1981—2019："基尼系数"标注的中国贫富差距》。

三、面向2035年，城乡区域差距视角下推动共同富裕亟待解决的问题

（一）城乡经济差距：城乡收入差距依然较大

自2009年我国城乡收入差距达到峰值3.33之后，呈现不断下降的趋势，到2019年下降到2.64，但仍高于国际2.0的标准。相比之下，发达国家如美国、日本、韩国的城乡收入差距均经历了一个先扩大再缩小的阶段，目前已经在较低水平且趋于稳定。2015年美国城乡家庭收入中值之比为1.03，2013年韩国城乡家庭年均收入之比为1.7，分别比我国同期低1.7和1.1。

（二）区域经济差距：区域人均GDP绝对差距与相对差距均扩大

从四大板块来看，进入经济新常态后，伴随着省际经济增速分化和以PPI（生产价格指数）为代表的资源价格、工业品价格低迷，西北、东北等部分资源大省、工业大省的名义GDP受到较大冲击，叠加辽宁、内蒙古、天津滨海新区等部分地区经济数据挤水分，省际经济总量出现较大波动，导致了人均GDP分化出现抬头趋势。

从四大板块看（见图5-2），2019年，中部、西部、东北地区的人均GDP与东部地区的绝对差距分别拉大为35715元、40445元、47675元，相比2011年，分别提高了13856元、15372元、27803元；与东部地区的相对差距由2011年的42.94%、49.26%、39.04%，变化为2019年的37.95%、42.97%和50.66%，这表明东北地区与东部地区人均GDP的绝对差距和相对差距均有所拉大。就业方面，2020年中部、西部、东部、东北地区的城镇人口失业率分别为1.1%、1.12%、0.09%、1.54%，可以看到东北地区的就业形势相对其他地区较为严峻，尤其是相比于东部地区而言。

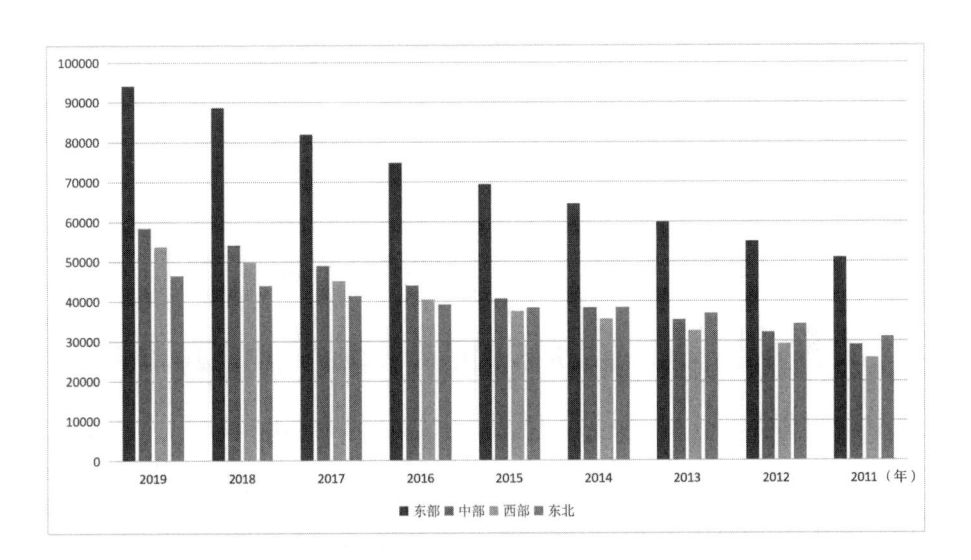

图5-2 四大板块人均GDP（人民币）

从31个省份来看（见图5-3），从2006年到2014年，省际人均GDP变异系数从0.66快速下降至0.45，而2015年到2018年，系数出现逆转，连续4年抬升，至0.477，2019年轻微下降至0.472。

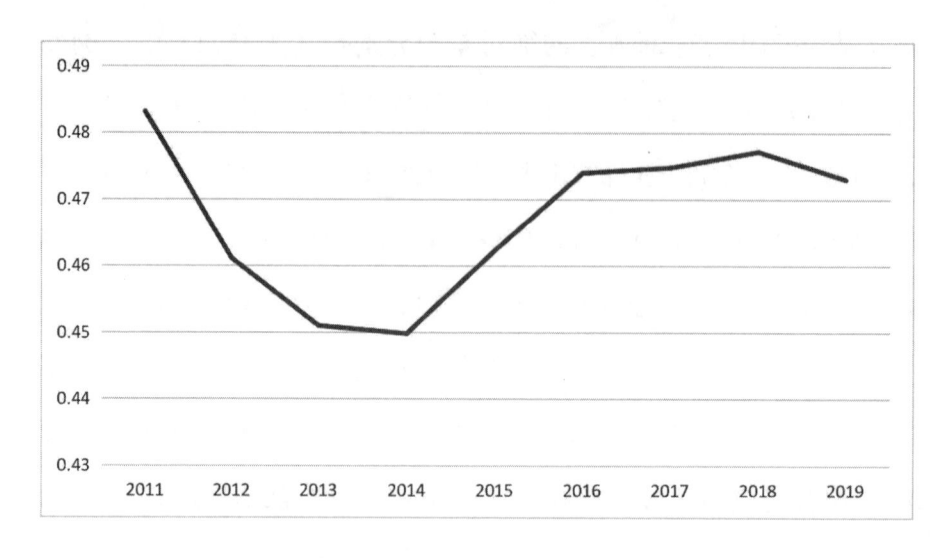

图5-3　31个省份人均GDP变异系数

（三）区域经济差距：区域产业增长呈现不均衡发展态势

在产业带动力方面，从我国四大板块2011年到2020年的产业增长数据来看，东部地区的第二产业增加值由123341.6亿元增加至198492.9亿元，增长1.61倍；第三产业增加值由120567.9亿元增加至302249.9亿元，增长2.51倍。中部地区的第二产业增加值由53948.55亿元增加至90268.88亿元，增长1.67倍；第三产业增加值由37977.89亿元增加至111878.17亿元，增长2.95倍。西部地区的第二产业增加值由42475.96亿元增加至78548.82亿元，增长1.85倍；第三产业增加值由38851.83亿元增加至109393.49亿元，增长

2.82倍。东北地区的第二产业增加值由338.2亿元降低至310.05亿元；第三产业增加值由13203.45亿元增加至26638.24亿元，仅增长2.02倍。由此可见，东北地区的第二产业和第三产业增长量和增长速度均显著低于其他三个地区，呈现出落后态势。

在高新技术发展方面，从专利申请数量来看，2011年，东部、中部、西部、东北地区的专利申请数量分别为653832件、97563件、76200件、36332件，其中，东部地区的专利申请数量分别是中部、西部、东北地区的专利申请数量的6.7倍、8.58倍、17.99倍；2020年，东部、中部、西部、东北地区的专利申请数量分别为2464110件、538865件、388488件、112611件，其中，东部地区的专利申请数量分别是中部、西部、东北地区专利申请数量的4.57倍、6.34倍、21.88倍，这一指标反映出各区域的高新技术发展水平和创新能力仍存在较大差距。

（四）区域公共服务仍存在较为严重的不均等化现象

教育方面，从受教育年限来看，从2011年到2019年，东部地区的平均受教育年限从9.16年提高到11.17年，中部地区的平均受教育年限从8.75年提高到9.82年，西部地区的平均受教育年限从8.36年提高到9.42年，东北地区的平均受教育年限从9.25年提高到10.17年，平均受教育年限最高的东部地区和平均受教育年限最低的西部地区相差达到1.75年。

四、促进共同富裕的总体部署：
"三步走、城市群先行示范、五向发力"

综合考虑我国城乡区域差距的"同"与"异"、"变"与"不变"，从空间上看，促进共同富裕应坚持"三步走、城市群先行示范、五向发力"，以重大举措为突破口，以点带面，牵引迈向共同富裕。

（一）三步走

考虑到我国区域发展差异大，促进共同富裕需要循序渐进、逐步富裕，要遵循"先易后难""先小尺度、后大尺度""先富带后富"原则，结合国家正在构建的"19+2"城市群为主体形态的城镇化空间格局，以"城市群先行共同富裕→城市群带动其周边地区共同富裕→城市群（含周边地区）之间共同富裕"为次序，开展总体战略部署，同时促进人口向城市群地区集聚，减少非城市群地区人口，扶持欠发达地区发展，梯次推进共同富裕。

（二）城市群先行示范

国家规划建设的19个城市群在全国国土空间上均衡分布，

2018年集聚了占全国76%的人口，城市群地区的总体发展水平高、城乡区域协调性好、自然生态和人居环境优、改革探索集成度高，有基础有条件也更容易建设成为共同富裕先行示范区。以城市群作为促进共同富裕的空间先行载体，是矛盾分析法的创造性应用，有利于带动大多数人参与到共同富裕的建设中来。

从路径上看，应按照"领先全国、适当超前"的考虑和"尽力而为、量力而行"的原则，有序建设城市群共同富裕先行示范区。紧扣"共同"和"富裕"两个关键词，以满足人民日益增长的美好生活需要为根本目的，率先推动全体人民在发展中走向共同富裕，在城市群一体化发展体制机制创新、一体化发展市场体系建立，以及缩小城乡差距、区域差距、不同群体收入差距和不同领域发展差距上为全国其他地区率先作出示范，率先实现基础设施互联互通、产业链深度融合、生态环境共保联治、公共服务普惠共享，实现更高质量、更有效率、更加公平、更可持续、更为安全的发展，全面提升人民群众的获得感、幸福感、安全感。

（三）五向发力

五向发力是指从"引导人口向城市群集聚、扶持欠发达地区发展、畅通城乡区域经济循环、保障和改善民生、健全政策支撑机制"等五个方面同时发力，一方面，在推进城市群共同富裕的同时，引导"群外"人口向城市群集聚，让更多"群外"人口参与到"群内"共同富裕中来，同时减少"群外"人口，扶持"群外"欠发达地区发展，持续缩小"群内外"发展差距，促进"群内外"人民共同富裕；另一方面，畅通城乡区域经济循环，创新区域合作机制，促进各城市群（含周边地区）之间形成优势互补、协调联动发展格局，推动"群之间"共同富裕，持续保障和改善民生，最终实现全民共同富裕。

五、基于缩小城乡差距、区域差距的视角促进共同富裕的重大举措

（一）实施农民工安居城镇计划，引导人口向城市群集聚

综合考虑扩大内需、扩大中等收入群体规模、促进农民工真正融入城市、稳定城市产业工人队伍等因素，聚焦外来人口密集的城市群地区，通过政策性保障住房、购房补贴、贴息贷款等多种方式，有计划有步骤地促进有条件有意愿的存量农民工及其家属在城镇安居。

一是进一步加大保障性住房供给。扩大保障性住房农业转移人口覆盖面，将保障性住房（含公共租赁房）纳入居住证基本公共服务保障范围。鼓励政府将持有的存量住房用作保障性住房，鼓励有关机构整合拥有长期租赁权的社会闲置房源用作廉租房，政府予以租金补贴。

二是加快租赁住房市场创新发展。加快住房租赁立法，明确租售同权，规范市场秩序。实施租赁住房税收减免等支持政策，对政策性租赁住房、不动产信托投资基金（REITs）和住房租赁平台交易房源，实行配套税收减免政策。推动长租房市场健康发展，鼓励相关机构以市场化手段、以低成本资金整合各类资源，

将大量社会闲置房源转化为长租房源。

三是通过城市旧城、老旧小区及"城中村"改造增加可支付健康房源供给。明确将面向农民工的可支付租赁住房纳入城市旧城、老旧小区及"城中村"改造的目标，支持利用集体建设用地建设面向农民工的租赁住房，重点增加小户型、配套齐全的可支付健康住房，完善配套公共服务和市政基础设施，满足农民工基本住房和生活需求。

四是政策支持满足农民工自购房需求。支持农民工购买首套普通商品住房，探索采取先购后补、定额补贴、分级结算、直补到户的方式，给予满足一定条件的农民工家庭合理补贴。探索建立农业转移人口退出农村"三权"与在城镇购房优惠的联动机制，给予退出农村"三权"农民工合理购房补贴。

五是开展城市群农业转移人口市民化综合改革试点。找准城市群发展与农业转移人口市民化的"最大公约数"，推动城镇化与工业化在空间上形成合力。探索建立城市群市民化综合改革试点，围绕建设更强大国内消费市场，加快推动城市群户籍政策一体化改革，健全以居住证为载体、与城市群范围内居住年限等条件相挂钩的基本公共服务提供机制。加大"人地钱"挂钩政策向试点城市群倾斜力度。赋予先行先试权利，在土地制度改革、公共服务供给、成本分担机制等方面探索经验。

（二）实施欠发达地区"造血"行动，缩小区域城乡发展势差

一是支持选择若干优势突出的内陆欠发达城市建设低成本产业发展基地。积极应对我国部分产业向东南亚转移的趋势，主动把握区域格局战略性调整的重大机遇，发挥我国地理空间广阔、发展梯度大的优势，发现挖掘发展位势正在快速提升的内陆欠发达城市，顺势而为，加大政策支持力度，以全局眼光、战略思维谋划打造若干国家低成本产业发展基地，建设成为国家承接产业转移的新高地和集聚返乡回流产业工人就近城镇化的新载体，为应对日趋激烈的国际产业竞争、促进区域协调发展、缓解"大城市病"、推动内陆三四线城市房地产去库存发挥纲举目张的作用。

二是引导部分关键产业向欠发达地区倾斜布局。可以借鉴美国"二战"后经验，将航空航天、核工业、精密电子、军事工业等市场化程度较低、安全发展要求较高、中央主导力较强、带动力较强的工业布局于要素比较优势突出的欠发达地区。此外，也可以参考日本20世纪70年代的"技术立国论"和《技术聚集城市法》策略，以中央文件或立法形式规定部分未来技术布局在长三角、粤港澳、京津冀等主要动力源地区之外，提升技术创新扩散对欠发达地区的带动乘数效应。

三是加大对欠发达地区教育扶持力度。首先，加强各级财政对落后地区优秀教师等教育人才的补贴，吸引更多优秀青年投身落后地区教育事业，提高欠发达地区的师资力量与教育质量。其次，借鉴美国教育券模式，促进义务教育阶段的教育公正，强化跨学区、跨行政边界的教育资源和学生流动，保障欠发达地区的儿童获得高质量教育资源的权利。此外，发展线上教育事业，推动线上教育资源在三四线城市和乡村地区的下沉，通过在线教育等线上资源来缩小教育资源的地区差异，满足欠发达地区的教育需求。

四是创新机制强化对欠发达地区资金支持力度。支持慈善事业发展，鼓励慈善基金与公益组织对经济落后地区的产业发展与基础设施建设提供资金支持。优化福利彩票等机制对欠发达地区关键领域的支持力度，大力发挥非政府财政资金对欠发达地区的资金支持作用，减轻政府财政援助的压力。

（三）完善横纵向联动共享机制，畅通城乡区域经济循环

一是完善对欠发达地区对口支援机制。进一步加大力度，增强针对性，推动发达地区加大对欠发达地区对口协作力度，推动发达地区先进发展理念、中层干部和地方治理经验输出，支持在欠发达地区共建产业园区和自由贸易试验区，共同发展资本和知识产权市场等。

二是完善横向生态补偿机制。持续完善"新安江模式"，设

立专门机构协调跨界流域补偿。鼓励建立"赤水河流域横向生态保护补偿基金"等区域性生态补偿基金，探索更有效利用中央财政、省级财政、国际合作援助、社会资金的基金管理模式。

三是完善生态收益分享机制。在"碳达峰"和"碳中和"背景下，借鉴印度尼西亚经验，成立造林基金和经济林木等基金，允许欠发达地区森林生态系统创造的"固碳"效应在碳市场中获得收入并反哺农户和社区等森林的实际管理者。依托"北京–青海""上海–云南""广东–贵州"等长期跨区域对口帮扶合作机制，将欠发达地区已开发的碳汇产品纳入发达地区碳排放交易市场，积极探索可持续生态产品价值实现路径。

四是更大力度促进城乡要素双向自由流动。首先，持续深化土地制度改革，尤其是深化欠发达地区农村产权制度改革，探索建立公平合理的土地入市增值收益分配分享机制，构建城乡一体的建设用地市场，推进土地要素流转。其次，强化城乡要素市场化配置改革，畅通资本、劳动力、技术、土地等要素在城乡间的流动渠道，创新城乡人才合作交流机制，探索岗编适度分离等新型方式，充分发挥农业转移劳动力返乡就业和创业、大学生回乡创业、新乡贤的城乡纽带作用等。此外，推动财政支农的直接投资逐渐从竞争性领域转向基础性和公共性领域，支持通过国有资本投资公司和国有资本运营公司等平台投资欠发达地区的乡村产业。

（四）推进基本公共服务均等化，有力改善民生促进公平

一是幼有所育。推进优生优育、幼儿健康、幼儿教育和关爱保护等国家基本公共服务内容向常住人口覆盖。为0~6岁儿童提供健康管理和预防接种，加强特殊儿童群体、困难儿童基本生活保障、基本医疗保障等；建立健全农村留守儿童信息系统，对无监护能力的农村户籍未成年人提供家庭监护指导、心理关爱、行为矫治等服务。

二是学有所教。重点解决"两为主""两纳入"政策实施"落地难"问题，研究适时将"两为主""两纳入"政策纳入《中华人民共和国义务教育法》，明确考核评价方法；统筹解决人口流入地区的义务教育经费保障和教师编制不足问题，增加中央财政对跨省流动人口随迁子女义务教育承担的经费责任，探索建立教师编制跨省调剂机制；逐步解决非户籍学生中高考考试准入资格限制问题，逐步取消以户籍为依据的中高考报考限制，探索建立以"本地居住年限+本地连续受教育年限"为依据的"学籍+常住地"报考制度。

三是劳有所得。重点清理就业歧视政策，实行公平就业准入，推动所有企事业单位面向社会组织公平招聘、择优录用；提升新时期农业转移人口就业能力，围绕市场急需紧缺职业，组织开展有针对性的定向、定岗培训和专项技能培训。

四是病有所医。重点解决跨省异地就医问题，简化异地就医结算手续，推动跨省流动人口异地就医门诊费用直接结算。

五是老有所养。重点解决跨区域转移接续不畅问题，实施企业基本养老保险全国统筹制，借鉴欧盟实现社会保险转移接续经验，采用"工作地缴费，分段记录；退休地发放，全国结算"的"分段计算"模式，将在各参保地缴费时间的比例作为各地应当支付给劳动者养老保险待遇的份额。

六是住有所居。扩大保障性住房常住人口（含农民工）覆盖面，将保障性住房（含公共租赁房）纳入居住证基本公共服务保障范围，降低农民工纳入住房公积金制度的条件，简化公积金提取流程。

七是弱有所扶。推进贫困救助、临时救助、法律援助和残疾人服务等国家基本公共服务向常住人口覆盖，实施最低生活保障制度。

（五）抓好区域服务供给和共享，最大程度破除制度瓶颈

一是健全公共财政转移支付制度。以缩小地区间人均公共服务财力保障水平差距为出发点，优化转移支付结构，加大对特殊类型地区的均衡性转移支付力度，稳步构建起权责清晰、标准合理、保障有力的基本公共服务保障体系。支持基本公共服务投入向重点人群、薄弱环节倾斜，增强地市以下财政基本公共服务保障能力。

二是提高基本公共服务统筹层次。完善基本医疗保险制度，积极推动在省级层面实现基本医疗保险统筹，推动形成全国统一的医疗保障标准化体系。完善企业职工基本养老保险基金中央调剂制度，着力推动实现养老保险全国统筹。完善义务教育管理体制，探索建立全国统筹、省负总责、市县管理、社会监督的义务教育经费保障机制和基于统一高考的综合评价多元录取制度。

三是加快构建基本公共服务跨地区衔接体制机制。建立医疗卫生、劳动就业等基本公共服务跨地区流转衔接制度，研究制定跨省转移接续具体措施和支持政策。推动在城市群共同富裕先行示范区率先构建区域基本公共服务平台，创新跨区域服务机制，推动居民异地享受基本公共服务并便捷结算。

参考文献

汪晓东,宋静思,侯云晨,2022.在高质量发展中促进共同富裕[N].人民日报,2022-03-01(1).

王继源,2021.推动共同富裕的主要思路与时代愿景[J].中国发展观察(12):13-16.

孙智君,范嘉旭,吴传清,等,2022.习近平新时代共同富裕思想的理论创新和实践创新[J/OL].金融经济学研究:1-15[2022-03-05].

辛向阳,2022.习近平的共同富裕观[J].新疆社会科学(01):1-7,146.

张学良,杨朝远,2020.发挥中心城市和城市群在区域协调发展中的带动引领作用[N].光明日报,2020-01-14(11).

陈迪宇,王政,徐颖,等,2021.我国城市群建设进展及任务举措[J].宏观经济管理(11):18-20.

中国政府网,2021.推动非居住存量房屋改建 增加保障性租赁住房供给[EB/OL](2021-07-07).http://www.gov.cn/xinwen/2021-07-07/content_5623192.htm.

谭禹,2021.政策性住房金融支持保障性租赁住房发展研究[J].中国房地产(21):23-28.

欧阳慧,李智,2021.适应未来发展需要的城镇化战略研究[J].宏观经济研究(7):16-25,88.

程江,符军,2000.美国政府对欠发达地区的成功开发及启示[J].宏观经济管理(2):52-54.

范肇臻,2014.日本科技立国战略研究及借鉴[J].中外企业家(16):268,271.

高策,祁峰,2018.美国竞争性教育券制度对我国义务教育择校的启发[J].教学与管理(15):115-117.

教育部等五部门关于大力加强中小学线上教育教学资源建设与应用的意见[J].中华人民共和国教育部公报,2021(5):51-55.

陈鲁南,2020.慈善事业在脱贫攻坚中的四个突出作用——以江西省莲花县为例[J].中国民政(22):38-39.

彭玉婷,2021."新安江模式"下的流域生态补偿可持续投入机制研究[J].北方经济(8):68-71.

四川省生态环境厅网站,2020.寻求赤水河流域生态保护之道,云贵川建立横向生态补偿机制[EB/OL].(2020-09-04). http://sthjt.sc.gov.cn/sthjt/c103879/2020/9/4/b8ce489ce45f4c8c9b17b2423922a0ae.shtml.

鲁德,1991.印度尼西亚的林业政策[J].世界林业研究(4):88-89.

潇湘晨报,2020.省厅动态:省生态环境厅就推动青海北京建立跨区域碳汇交易合作机制开展调研[EB/OL](2020-11-05). https://baijiahao.baidu.com/s?id=1682497146309870453&wfr=spider&for=pc.

吕惠娟,赵肖萌,2011.我国养老保险关系转移接续机制研究——基于欧盟的经验和启示[J].特区经济(10):88-90.

中共中央国务院关于建立更加有效的区域协调发展新机制的意见

[N].人民日报,2018-11-30(1).

房汉廷,2021.1981—2019:"基尼系数"标注的中国贫富差距[J].科技与金融(9):39-40.

第六章 促进共同富裕要发挥好个人所得税调节作用

刘方　杨宜勇

内容提要：共同富裕是社会主义的本质要求，分配制度是促进共同富裕的基础性制度。党的二十大报告中指出，加大税收、社会保障、转移支付等的调节力度。税收制度作为政府宏观调控的重要手段，必须紧密围绕我国新发展阶段的历史使命及目标进行调整，以做大蛋糕、缩小收入分配差距为着力点，促进共同富裕，尤其是重点发挥个人所得税制的关键性调节作用。然而，目前我国个人所得税制度在促进共同富裕实现方面仍存在诸多不足。例如，个人所得税的财力积聚能力不足，影响了调节收入功能的发挥；个人所得税的综合计征的范围较窄，不利于对个人所得收入进行全面统一调节；个人所得税对不同要素间、不同群体间的收入调节力度不均，不能有效起到横向调节作用；个人所得税对自然人尤其是高净值人群的所得征管不严，导致偷税漏税现象频发；个人所得税在鼓励个人慈善捐赠方面的激励作用较为有限，不利于发挥税收第三次分配的作用。在新时代新征程下，还应通过扩大个人所得税综合计征范围、优化个人所得税税率、完善个人所得税专项附加扣除政策、健全适应大数据发展需要的个人所得税征管制度、完善慈善捐赠的税收优惠政策等，对不同收入阶层、不同要素的收入进行调节，起到"削高""减中""补低"的作用，为实现共同富裕奠定制度基础。

关键词：共同富裕；个人所得税；调节；建议

共同富裕是社会主义的本质要求，更是新时代新征程中中国共产党人的重要使命。党的十九届五中全会把"全体人民共同富裕取得更为明显的实质性进展"确定为现代化建设的远景目标之一，明晰了从全面小康到共同富裕的重大历史性任务。在中央财经委员会第十次会议上，习近平总书记明确提出，到"十四五"末，全体人民共同富裕迈出坚实步伐，居民收入和实际消费水平差距逐步缩小。到2035年，全体人民共同富裕取得更为明显的实质性进展，基本公共服务实现均等化。到21世纪中叶，全体人民共同富裕基本实现，居民收入和实际消费水平差距缩小到合理区间。党的二十大报告强调，加大税收、社会保障、转移支付等的调节力度。完善个人所得税制度，规范收入分配秩序，规范财富积累机制，保护合法收入，调节过高收入，取缔非法收入。引导、支持有意愿有能力的企业、社会组织和个人积极参与公益慈善事业。目前，我国已经全面建成小康社会，虽然已经有了坚实的物质基础，但我国发展不平衡不充分问题仍然突出，各地区推动共同富裕的基础和条件也不尽相同，实现共同富裕仍然是一项艰巨而长期的任务，我们需要在实现中国式现代化过程中逐步解决。税收制度尤其是个人所得税作为政府宏观调控的重要手段，必须紧密围绕我国新发展阶段的历史使命及目标进行调整，以规范财富积累、缩小收入分配差距为着力点，促进共同富裕。

一、税收制度、个人所得税促进共同富裕实现的内生机理

（一）共同富裕与税收制度的关系

共同富裕包含两层含义：一层是如何富裕，通过全国人民的共同努力做大"蛋糕"，另一层是如何公平有效合理地切"蛋糕"以实现共同富裕。税收制度作为政府宏观调控的重要手段，必须紧密围绕我国新发展阶段的历史使命及目标进行调整，以做大蛋糕、缩小收入分配差距为着力点，促进共同富裕。相关税收制度在这两层含义均可发挥积极作用。

1.税收政策在做大"蛋糕"方面的作用

税收政策在做强共同富裕时，主要就是发挥税收在初次分配中的调节作用。初次分配侧重于效率，从税收调节的角度看，主要通过建立中性的税收制度，尽可能减少对资源配置的影响，促进资源配置效率达到最优，实现各种生产要素按贡献参与分配，为共同富裕打下坚实的基础。

从具体税种来看，增值税具有中性特点，通过增值税的中性调节不仅有利于分工与协作，提高经济的效率，还能够充分发

挥市场在配置资源中的决定性作用。税率简化是保持增值税税收中性的必要条件。只有在所有生产要素以及消费品适用相同的比例税率时，才能保证增值税对不同的生产要素以及消费品价格的影响程度相同，从而不影响生产者和消费者的决策（冯俏彬，2021）。因此，不断简化税率结构对减少税收对初次分配的影响至关重要。另外，实施全行业增值税的留抵退税政策，有利于减少国家对企业资金的占用，以促进企业效率提升。

从企业所得税来看，企业所得税制中的固定资产加速折旧税收政策有助于减轻企业资金压力，提高企业设备投入、更新改造的积极性。研发费用加计扣除政策直接增加了税前扣除的额度，减少了企业的税收负担，降低了研发投入成本与投资风险，间接提高了项目的盈利能力，促使企业增加研发经费投入，激励企业创新发展。与此同时，给予高新技术企业等重点市场主体以及重点发展的行业税收优惠政策，有利于做强做优做大相关产业，进而进一步做大"蛋糕"。

2.税收在实现共同富裕方面的作用

税收在促进共同富裕时，主要发挥再分配和第三次分配的调节作用。再分配环节，税收主要起到收入调节作用，目的是促进社会公平。从理论上看，以直接税为主体的税制结构有利于调节资源配置。其中，个人所得税、财产税、遗产与赠与税是重要的税收调节工具。从个人所得税来看，个人所得税的超额累进税率使得高收入者的税负远远高于低收入者，为实现纵向公平奠定基础。从企业所得税来看，企业所得税主要通过要素分配渠道来调节收入分配，对企业利润的课税可以改变资本要素和劳动要素的相对价格，降低资本要素收入者的收入水平，提高劳动者的收入水平，最终起到二次调节的作用。此外，企业所得税还可以调节不同盈利水平企业之间的收益水平，差异化的企业所得税税率及税收优惠可以实现对不同地区、不同行业纳税人的收入分配调节。从财产税来看，房产税具有调节居民收入差距的功能。

第三次分配是富起来的人通过慈善捐赠、公益活动等方式在个人自愿的基础上帮助他人，弥补前两次分配的不足，有助于推进共同富裕。因此，为了鼓励先富起来的人能够为社会作贡献，应通过发挥税收优惠政策的激励作用来鼓励富人多捐赠。例如，在所得税中，规定一定形式的捐赠可以税收减免，增值税中规定公益性捐赠可以免税（李旭红，2021）。相关政策的实施有助于鼓励更多富有人群、发展较好的企业通过捐赠帮扶低收入人群或者欠发达地区，进而减少不同人群之间和不同区域之间的不平等。

（二）个人所得税与共同富裕

共同富裕是全体人民的富裕，当初次分配中存在市场失灵、产生不公平时，需要通过再分配中的税收工具的调节作用进行纠正，其中个人所得税的调节功能应发挥关键性作用。个人所得税可以直接对初次分配结果进行调节，为实现共同富裕奠定制度基础。

一方面，个人所得税的超额累进税率使得高收入者的税负远远高于低收入者，超额累进的税率结构有利于发挥个人所得税调节收入分配的职能，充分起到"削高""减中""补低"的作用，实现纵向公平。

另一方面，个人所得税综合计征方式可以使得收入来源不同但收入水平一致的纳税人缴纳同样的税收，达到横向公平。

此外，通过完善有利于激励慈善捐赠的相关税收优惠政策，可以进一步促进慈善事业的发展，同时还能够发挥个人所得税在第三次分配中的调节作用，进而减少不同人群之间和不同区域之间的不平等，促进共同富裕。

二、党的十八大以来个人所得税改革的成果

党的十八大以来，个税改革迈出实质性步伐，政策红利不断释放。从部署"逐步建立综合与分类相结合的个人所得税制"改革，到在个人所得税法修改中设立专项附加扣除，再到推出调整个人取得全年一次性奖金等计算征收个人所得税方法等个税优惠举措，均为民生福祉擦亮了幸福底色，为经济发展注入了丰厚活力，为实现共同富裕奠定重要基础。

2018年10月1日起，我国在现今的分类税制模式下，提高工资薪金所得"起征点"，适用新税率表，保护合法收入，减轻居民负担，刺激居民消费，提前释放个人所得税改革的减税红利。同时，为避免工资薪金的费用扣除标准存在"一刀切"的问题，2019年1月1日起，新修订的个人所得税法及其实施条例施行，新增子女教育、继续教育、大病医疗、住房贷款利息、住房租金、赡养老人等6项专项附加扣除。2022年3月，又将3岁以下婴幼儿子女照护费用纳入专项附加扣除，让广大纳税人进一步享受红利。2023年又提高了部分专项附加扣除的标准，专项附加扣除打破了传统的费用扣除"一刀切"模式，从而使费用扣除标准更加人性化和合理化，有利于规范收入分配秩序，保护合法收入。

第六章
促进共同富裕要发挥好个人所得税调节作用

此外，个人应税所得实现了"小综合"，即将工资薪金、劳务报酬、稿酬和特许权使用费等4项个人劳动所得实行综合征收，对其他所得如经营所得、利息（股息、红利）所得、财产租赁所得、财产转让所得等仍然实行分类征收。此次个人所得税改革实现了历史性突破，不仅大大增强了个人所得税的调节功能，而且也提高了个人所得税的公平性，纠正了收入相同但收入的种类不同所导致的税款差异问题，也有效避免了收入高的人群由于收入种类多，进而可以享受多种费用扣除而导致其比收入低的人纳税少的现象。

此外，党的十八大以来，从严查处明星艺人、网络主播等重大逃税案件，不仅规范收入分配秩序和完善财富积累机制，更有利于调节过高收入，推动共同富裕实现。

三、个人所得税制度在实现共同富裕方面存在的不足

"十四五"时期我国进入新发展阶段,全面建设社会主义现代化强国是我国第二个百年目标。但是从相关数据来看,2020年我国基尼系数仍然为0.468,处在警戒线0.4以上,可见我国收入与财富分配状况不容乐观,主要是税收制度尤其是个人所得税在实现共同富裕方面的调节功能不足。

(一)个人所得税收入占全国税收收入比重不高,影响了收入分配调节功能的发挥

长期来看,个人所得税收入占全国税收收入比重并不高,并且随着个人所得税专项附加扣除政策的实施以及免征额的提高,近年来个税收入占比还较之前有所下降,2020年个人所得税收入占全国税收收入的比重仅仅为7.5%。这充分说明了在目前的个税征收制度下,个人所得税的财力积聚能力较弱,尚未充分发挥其收入分配调节作用。如图6-1所示。

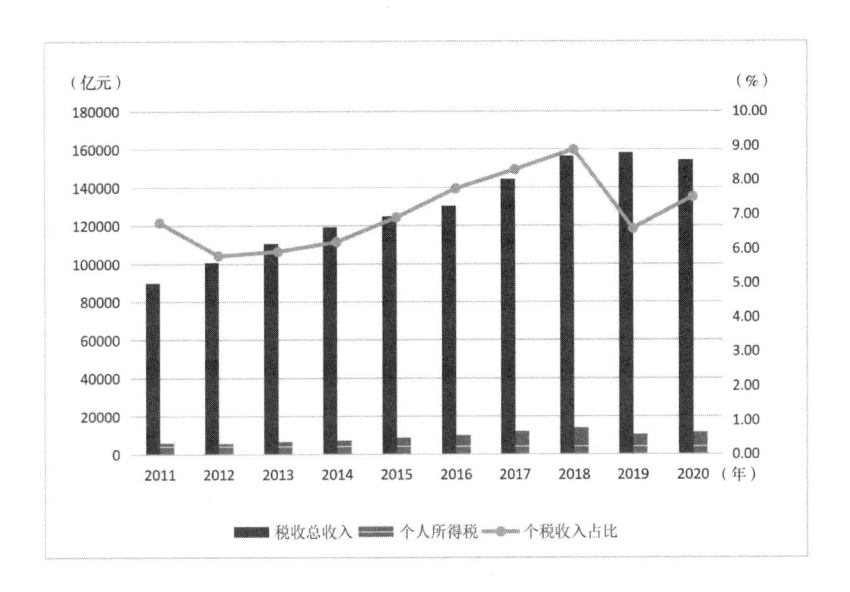

图6-1 2011—2020年个人所得税占比情况

数据来源：根据国家统计局提供的数据计算并绘制。

（二）个人所得税的综合计征范围较窄，不利于对个人所得收入进行全面统一调节

我国个人所得税采取综合加分类的计征方式，综合计征的范围包括工资薪金、劳务报酬、特许权使用费、稿酬等4项所得。这4项综合所得采用统一的7级超额累进税率且最高档边际税率为45%的个人所得税税率进行调节。与国外采用综合计征方式的国家相比，综合计征范围相对较窄。总体看，综合计征范围仅限于劳动所得，尚未将个人全面的收入纳入综合计征范围，尤其是高收入群体收入占比较大的股息红利等资本性所得和财产性所得并

未统一纳入综合计征的调控范围。然而，目前财产性和资本性所得采用20%的比例税率进行调节。故而个人所得税尚未体现全面的公平性。

（三）个人所得税对不同要素间收入的调节不均，对资本所得的征收力度不够

目前，个人所得税对财富积累集聚调节不足，对资本和劳动要素间的再分配调节作用较弱，甚至存在税收累退逆向调节现象。当前个人所得税主要侧重对劳动要素收入征税，而对资本所得的征收力度不够，对改善劳动、资本要素间收入分配的作用有限，尚未实现横向公平。如图6-2所示，工资薪金所得税、劳务

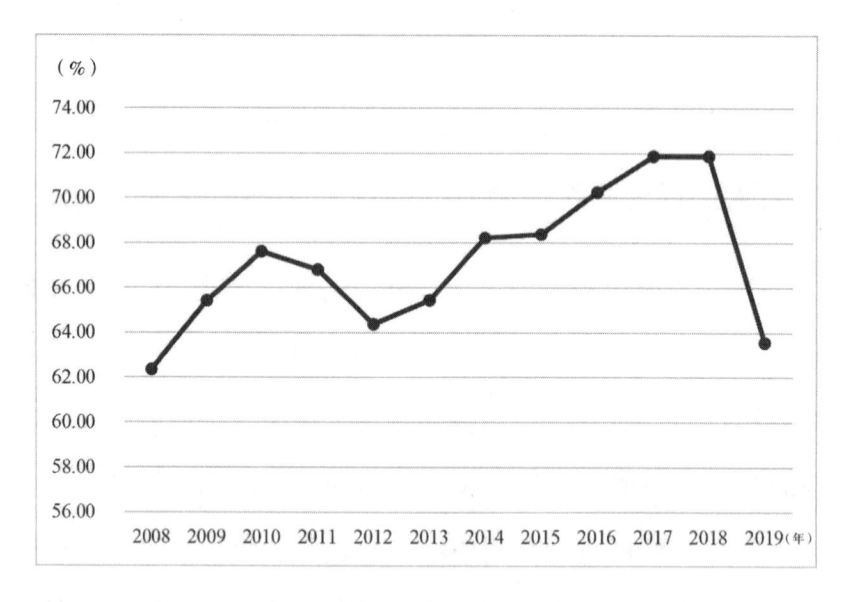

图6-2 工资薪金、劳务报酬与稿酬所得税占个税收入的比重

数据来源：《中国税务年鉴》。

报酬所得税与稿酬所得税占个税总收入的比重基本在60%以上，甚至有的年份达到70%以上，个别年份比重下降也仅仅是因为工资薪金所得税的基本减除费用有所提高所致。

（四）个人所得税对不同群体的收入调节不均，对高收入人群的调节力度不足

目前，个人所得税对不同收入群体间的再分配调节作用较弱，尤其是对高收入人群的调节力度不足。由于个人所得税中低档税率级距较小，导致我国个人所得税收入主要来自工薪阶层，中等收入群体成为税负的主要承担者。

高收入人群缴纳个人所得税比例很低的原因主要为：一是高收入群体从事税收违法行为的成本低、处罚力度小。[1]二是针对高收入人群的个人所得税政策需要优化。目前，我国个人所得税制度实行的是代扣代缴和个人申报纳税相结合的征收管理模式，工薪阶层的群体基本上都是代扣代缴完成，而高收入群体纳税意识不高，很少自主准确申报，而且其收入并非完全透明，征管上缺乏

---

[1]《税收征管法》第六十二、六十四条规定：纳税人未按照规定的期限办理纳税申报和报送纳税资料的，或者扣缴义务人未按照规定的期限向税务机关报送代扣代缴、代收代缴税款报告表和有关资料的，由税务机关责令限期改正，可以处以两千元以下的罚款；情节严重的，可以处以两千元以上一万元以下的罚款。纳税人不进行纳税申报，不缴或者少缴应纳税款的，由税务机关追缴其不缴或者少缴的税款、滞纳金，并处不缴或者少缴的税款百分之五十以上或者五倍以下的罚款。这样的惩罚力度对于高收入群体而言难以起到威慑作用，反而会使得有的纳税人在巨大利益面前选择偷逃税。

有效配套措施。此外据前所述,高收入人群易获得的资本所得享受着诸多税收优惠,也使其税负较低。

(五) 个人所得税对自然人的所得收入征管不严, 导致偷税漏税现象频发

目前,诸多原因导致对自然人获取的收入征管不严,进一步产生偷税漏税现象,部分群体的收入无法得到调节。

一是数字经济的发展导致诸多收入来源和性质较难确定。当前,新经济、新业态下催生的数字化交易方式,使得传统交易方式下形成的各类所得的界限变得模糊不清,很难准确判定哪些属于劳动报酬,哪些属于经营所得(方东霖、杨沛民,2021)。同时,数字经济的发展使得个人报酬形式变得多种多样,诸多个人收入难以准确划入正列举法下的某种收入类型,进而也就无法确定应该按照什么样的税收政策去征税,由此加剧了偷税漏税,导致收入分配的不公平。例如在直播领域存在纳税主体认定难度大、征税对象界定复杂、纳税义务判断不清晰等问题,很多平台利用这些特点来偷逃避税。[2]

二是纳税主体信息获取难。税务机关很难在平台经济交易中获取真实全面的交易信息,进而难以掌握纳税主体的完整信息,同时共享平台的交易活动具有虚拟性,税务机关无法根据虚拟交

---

[2] 引用于国家税务总局答复平台经济中的自然人若干税务问题。

易活动以及动态的收入来确定纳税主体。

三是灵活就业人群涉及较高的纳税风险。目前，诸多自然人在没有进行相关登记的情况下就享受了个体工商户增值税起征点税收优惠政策以及免税政策，造成了大量偷税漏税的现象，产生了较高的税收风险。[3]

四是自然人的税收管理系统需要进一步优化。目前，虽然我国建立了自然人电子税务局[4]，但是运行中仍存在一些问题。主要为：在我国未形成严密的个人信息防泄漏保障法律体系的情况下，给予各级税务机关工作人员的权限较少；基于对纳税人个人信息的保护，实际运行中的数据使用权限存在严格的限制，部分数据以脱敏的方式展现，造成对自然人数据使用或比对时无法准确关联，对确认自然人汇缴地、预缴地等造成一定的困难（杜小娟，2021）。

（六）个人所得税在鼓励个人慈善捐赠方面的激励作用较为有限，不利于发挥税收第三次分配的作用

目前，依据《个人所得税法》，个人慈善捐赠支出可以依法

---

[3] 个体往往以三种身份参与共享、平台经济业务，包括办理了市场主体登记和税务登记的个体经营者、未办理市场主体登记但办理了临时税务登记的个人、未办理市场主体登记和税务登记的自然人。就目前而言，大多数参与平台经济、共享经济的个体属于未办理市场主体登记和税务登记的自然人，导致税收管理出现真空地带。
[4] 自然人电子税务局就是以全国与应用和数据大集中为前提进行开发的，数据全部部署在"云"上，为后期的数据归集和应用奠定基础。

享受应纳税所得额限额税前扣除的税收优惠，如表6-1所示。但是综合来看，现行个人所得税政策在鼓励个人慈善捐赠方面的激励作用有限。

表6-1　个人慈善捐赠个人所得税税前扣除的规定

序号	项目	扣除比例	依据
1	一般捐赠	不超30%	个人所得税法
2	向青少年活动场所的捐赠	全额扣除	财税〔2000〕21号文
3	向福利性、非营利老年服务机构的捐赠	全额扣除	财税〔2000〕97号文
4	向特定基金会（5家）捐赠	全额扣除	财税〔2003〕204号文
8	向教育事业的捐赠	全额扣除	财税〔2004〕39号文
6	向特定基金会（6家）捐赠	全额扣除	财税〔2004〕172号文
7	向特定基金会（8家）捐赠	全额扣除	财税〔2006〕66号文
8	向中国医药卫生事业发展基金会的捐赠	全额扣除	财税〔2006〕67号文
9	向中国教育发展基金会的捐赠	全额扣除	财税〔2006〕68号文
10	向北京2022年冬奥会、冬残奥会、测试赛的捐赠	全额扣除	财税〔2017〕60号文
11	用于应对新型冠状病毒感染的肺炎疫情的捐赠	全额扣除	财政部、税务总局公告2020年第9号

资料来源：根据相关税收法则整理。

一是直接捐赠的激励效果不显著。按照我国慈善捐赠税收政策，除特殊情况以外，一般情况下直接捐赠不允许税前抵扣，这在一定程度上影响了个人捐赠的积极性。

二是间接捐赠存在诸多限制。我国税法对于允许享受税收减免的捐赠范围的限制性条件较多，具有税前抵扣资格的捐赠组织范围较窄，且组织范围更新滞后，另外公布名单时通常只有组织名称，而社会上名称相似的组织太多，由此导致捐赠者混淆。

三是无法跨年度结转个人捐赠的超限额部分。根据《企业所得税法》，允许企业三年内结转慈善捐赠超限额部分。但是依据《个人所得税法》，个人超限额部分不能像企业一样享受相同的优惠政策。

四是个人享受税收优惠的程序复杂。根据相关规定，个人捐赠可以在各类所得中税前扣除。比如，在综合所得税或经营所得中，个人可以选择年终汇算清缴，也可以选择在捐赠月内（当月不足，可以在年内结转）扣除。但是，如果在分类所得中扣除，则不可以选择年内结转。然而，当期月份不一定是纳税人一年中分类所得应纳税所得额最高的月份，由此造成分类所得收入较高但收入不固定的捐赠人很可能无法全面享受相关税收优惠。如何发挥税收对慈善行为的激励作用仍值得思考。

四、优化个人所得税制度，促进共同富裕实现

个人所得税是国家参与国民收入分配的重要手段，在筹集财政收入的同时，还需充分考虑公平原则，为所有的市场主体提供一个公平竞争的税收环境，并对影响公平收入分配等因素进行调节。应充分发挥个人所得税对不同阶层、不同区域、不同要素的收入调节作用，充分起到"削高""减中""补低"的作用，逐步提高个人所得税收入占全国税收收入的比重。

（一）扩大个人所得税综合计征范围，体现全面的公平性

鉴于当前综合计征范围较窄，无法体现全面的公平性，建议将财产租赁所得，利息、股息、红利所得，生产经营所得，财产转让所得等纳入综合课征范围，逐步实现个人所得税的"大综合"，进而加强个人所得税对以资本性所得或财产所得为主要收入来源者（高收入群体）的调节作用，真正实现公平性。同时，进一步缩小劳动报酬与资本所得之间的税负差异。

（二）优化个人所得税税率，有效实现纵向公平

鉴于当前7级超额累进所得税税率结构存在级次多、级距

窄，45%的最高边际税率普遍高于其他发达国家等问题，应着手优化个人所得税税率。

一是适当降低最高边际税率。考虑到综合所得的最高边际税率如果过高，很可能会抑制个人从事经济活动的积极性，也不利于高水平人才创造财富，同时极易刺激高收入群体顶风走险逃税漏税等，建议适当降低最高边际税率。比如，将45%的最高税率调低至35%。这样一方面可以抑制高收入群体偷逃税的行为，另一方面也可以降低征纳成本，最终促进社会公平。

二是调整级次和级距。应该与实现共同富裕目标衔接，科学测算中等收入群体收入，以此为基础来减少累进级次并扩大级距。这样可以使得中等收入群体使用较低税率，从而更有利于中等收入群体的发展壮大。

（三）完善个人所得税专项附加扣除政策，充分发挥"减中""补低"中的作用

鉴于专项附加扣除范围较窄、尚未构建动态调整机制以及扣除标准缺乏差异化，目前应通过"扩大扣除范围、建立调整机制、促使标准差异"等路径来完善专项附加扣除政策，充分发挥个人所得税专项附加扣除政策在"减中""补低"中的作用。

一是根据实际发展需要适时扩大专项附件扣除的范围。从人们的实际支出来看，还应该将一些项目如养育未上学的残疾儿童以及生育成本等纳入专项附加扣除范围。

二是完善现有专项附加扣除政策。当前还应充分考虑个人特殊情况来逐步完善现有抵扣政策。例如，夫妻双方离异，在纳税年度内抚养方和实际扣除方发生改变但是扣除不能随意变更等问题。再如，大病医疗专项附加扣除方面，未将纳税人父母纳入大病医疗扣除范围。然而，父母退休无法进行大病医疗专项扣除，儿女的赡养费用扣除又无法覆盖此项费用。基于此，遇到特殊情况，经过税务部门核实，允许专项扣除的分配方式在一年内可进行调整。同时，父母退休无法进行大病医疗专项扣除，儿女的赡养费用扣除标准额又无法覆盖此项费用，建议将退休父母纳入子女大病医疗扣除范围。

三是建立个人所得税专项附加扣除项目和金额的动态调整机制。建议根据民生支出变化的情况，尤其是可以依据个人在教育、医疗、住房等领域消费物价指数的变化情况，适时调整专项附加扣除标准的机制。同时，也需要对专项附加扣除范围建立动态调整机制，对于拟新增的专项附加扣除项目，可以向全国人大常委会提出个人所得税法修正案，由常委会审议并作出及时调整。

四是允许专项附加扣除标准实现地区差异化。我国不同地区的生活成本不完全一致，但是目前个税专项附加扣除标准仍然全国统一，这不利于实现横向公平。因此，建议取消固定、统一的扣除标准，实行地区差异化标准，由各地区根据本地区经济发展水平、居民收入水平、物价水平等确定专项扣除的具体标准。

（四）健全适应大数据发展需要的个人所得税征管制度

目前，共享经济、平台经济、零工经济大力发展，为防止自然人尤其是高净值自然人偷税漏税问题，应建立适应大数据发展需要的个人所得税征管制度，进而加强对这部分群体的收入调节，逐步起到"削高"的作用。

1. 准确掌握纳税主体信息

资源供给者通过平台开展业务事先必须办理市场经营主体登记和税务登记，目前应将自然人列为重点管理对象，尤其是将个人经营的网点、微商、网络直播、主播、带货等新业态，纳入税收管理范围。税务部门应与平台机构协同，自然人在平台注册时首先要办理市场经营主体登记和税务登记，办理完并经平台审核后才能开展相应业务。同时深入实施《电子商务法》，平台经营者应该及时将平台内从业者的涉税信息以及身份信息准确无误地报送和披露给平台所在地的税务机关。后续再由平台所在地税务机关依据个人所得税税法中有关自然人纳税地点的相关规定，把相关信息传递给相应的税务机关。

2. 准确适用相关税种税目

出台关于个人提供劳务、从事生产经营活动的详细认定标准，尤其是要以正列举的方式对存在争议的业务活动作出明确规定，加快将各类新的个人收入，比如网络直播以及从事各类共享经济、分享经济、零工经济等取得的收入纳入个人所得税征收范围。梳理出个人从事经营性活动的核心特点，形成界定应税项目的次要标准，作为税目界定存在争议时的补充依据。第三方经济平台要根据灵活就业人员的实际经济行为，对其自行判定的收入类别进行审核，在报税时，将不同性质的服务进行分化，根据业务的经济实质对应税目、税率。

3.促进多方信息共享制度的建立

完善现行《税收征管法》，以立法的形式明确涉税信息共享的责任主体和内容、涉税数据安全管理标准，为涉税信息共享提供法律依据。建立以"金税四期"为载体的第三方信息共享平台，先从高净值人群、个人股权转让等入手，将纳税人的金融账户、不动产信息、交易等列入重点监管。在全国范围内建立统一的自然人涉税数据库，尤其是高净值纳税人的涉税信息数据库，以纳税人税务识别号为基础，将税务机关采集的自然人纳税人各个渠道的信息归集到自然人税收管理系统，并建立"一人一档"管理制度，对自然人涉税信息进行高效整合，实现部门间的共享、传递及个税税源的有效监控。

4.深化大数据技术在个税征管领域的应用

运用大数据建立个税风险立体化监控体系，挖掘自然人涉税数据，构建动态个税风险管理模型，注重在涉税事项发生前及时给中高风险纳税人推送税收政策并提供个性化税收服务。建立事中监督机制，围绕个税应税项目搭建风险管理指标体系，通过大数据分析技术实现对自然人涉税风险的精准识别及持续监控，并向自然人推送风险提示。建立事后响应和反馈机制，对于自然人响应行为进行跟踪，如果对推送的风险置之不理，应进行稽查。同时把自然人对推送的税收风险的应对结果纳入个人信用管理体系。

5.建立长效的惩罚机制和激励机制

加大对偷逃税行为的惩罚力度，对一些偷逃税金额较大的典型案件及时向公众公布，自然人和相关代扣代缴单位列入相关黑名单。加大力度奖励遵从度较高的纳税人。大力宣传依法纳税行为，进而形成良好的纳税氛围，使得自然人的纳税意识和遵从度有所提高。

（五）完善慈善捐赠的税收优惠政策，充分发挥税收在第三次分配中的调节作用

个人所得税制要在共享发展中夯实第三次分配的基础。充分发挥第三次分配的作用，积极鼓励个人投身慈善事业，既能够助力改善收入分配格局，有效帮助实现共同富裕，又能够形成良好的社会风气。

首先，增加直接捐赠的税收优惠力度。直接捐赠最大的好处就是减少中间环节，捐赠资金或者物品直接捐赠到受赠人手中。但是，直接捐赠也会产生诸多关联交易或者虚假捐赠引起的偷税漏税问题。因此，在适当增加直接捐赠比例的同时，制定严格的

征管措施，规范税前的扣除程序，杜绝产生虚假捐赠。

其次，逐步降低慈善捐赠税前抵扣的限制，进一步扩大具有税前抵扣资格的捐赠组织范围。

再次，尽快修改《个人所得税法》，参照企业慈善捐赠结转年限，允许个人慈善捐赠当年抵扣不足部分向后结转三年。

此外，建议允许个人捐赠在年度汇算时汇总分类和综合所得的应纳税所得额，作为慈善捐赠抵扣的应纳税所得额，这样能够保障个人慈善捐赠的额度能够全面享受税收优惠。

参考文献

杜小娟,2021.大数据视域下个人所得税征管问题研究[J].税务研究(9期):135-140.

冯俏彬,2021.促进共同富裕要发挥好税收的调节作用[J].税务研究(11期):11-13.

方东霖,杨沛民,2021.高收入群体个人所得税征管问题研究[J].税务研究(7):137-140.

蒋震,刘颖,2021.新发展阶段完善现代税收制度的思考[J].税务研究(6):51-54.

李贞,莫松奇,2021.我国慈善捐赠税收政策体系的完善研究[J].税务研究(2):127-132.

李旭红,2021.三次分配视角下促进共同富裕的税收政策选择[J].税务研究(11):14-17.

李本贵,2021.推进共同富裕的调节收入分配税收理论思考[J].税务研究(11):8-10.

李建军,冯黎明,尧艳,2021.论完善现代税收制度[J].税务研究(6):39-43.

孙正,杨素,梁展硕,2021.第三方共享经济平台税收治理研究[J].税务研究(8):65-70.

杨志勇,2021.实现共同富裕的税收作用[J].税务研究(11):5-7.

郑洁,程可,2021.规范和激励:平台经济税收征管研究[J].税务研究(8):71-76.

第七章 促进公平竞争激发经济活力

刘志成

内容提要： 党的二十大报告将公平竞争确立为市场经济基础制度之一。促进公平竞争既要持续完善市场竞争机制，充分发挥市场决定性作用，也要将公平竞争思想贯穿于宏观调控、市场监管和环境保护等实践活动，更好发挥政府作用。在政策实践中，要不断加强公平竞争制度建设，持续强化竞争政策基础地位，加强和改进反垄断反不正当竞争执法，强化公平竞争审查刚性约束。

关键词： 习近平经济思想；社会主义市场经济；高标准市场体系；公平竞争制度；竞争机制

习近平总书记在党的二十大报告中指出，完善产权保护、市场准入、公平竞争、社会信用等市场经济基础制度，优化营商环境。党的十八大以来，在习近平经济思想引领下，我国在完善社会主义市场经济体制上迈出了新步伐，形成了一系列新的规律性认识，建立和完善公平竞争制度是其中的重要方面。习近平总书记关于公平竞争的思想把握了市场经济的本质要求，为建设高标准市场体系，完善公平竞争制度，加快完善社会主义市场经济体制提供了重要思想指引。立足新发展阶段，必须深刻认识习近平经济思想中的公平竞争观，不断完善公平竞争制度，夯实竞争政策基础地位，发挥好公平竞争在提升发展质量、优化资源配置效率、促进和鼓励创新等方面的积极作用。

一、习近平总书记关于公平竞争的重要论述

公平竞争思想贯穿于习近平经济思想发展的不同时期，随着政策实践的深化而不断丰富和发展。习近平总书记关于公平竞争的重要论述集中体现在一些重要会议的决议和重要讲话中，相关精神落实在一些重要文件和重大政策中，是习近平经济思想的重要组成部分。

第七章
促进公平竞争激发经济活力

（一）习近平总书记关于公平竞争的思想贯穿于一系列重要决议和重要讲话中

在党的十八届三中全会上，习近平总书记再次重申了"两个毫不动摇"，强调"必须毫不动摇巩固和发展公有制经济，坚持公有制主体地位，发挥国有经济主导作用，不断增强国有经济活力、控制力、影响力。必须毫不动摇鼓励、支持、引导非公有制经济发展，激发非公有制经济活力和创造力"。"两个毫不动摇"是坚持和完善我国社会主义基本经济制度的核心，要求各种所有制经济公开公平公正参与市场竞争。在经济地位方面，"公有制经济和非公有制经济都是社会主义市场经济的重要组成部分，都是我国经济社会发展的重要基础"。在产权保护方面，"公有制经济财产权不可侵犯，非公有制经济财产权同样不可侵犯"。在政策举措方面，"坚持权利平等、机会平等、规则平等，废除对非公有制经济各种形式的不合理规定，消除各种隐性壁垒，制定非公有制企业进入特许经营领域具体办法"。

在党的十八届四中全会上，习近平总书记站在全面依法治国的高度提出了完善社会主义市场经济法律制度的基本导向，并把公平竞争作为其中的重要方面。在产权制度方面，再次强调了产权保护的公平原则，提出要"健全以公平为核心原则的产权保护制度，加强对各种所有制经济组织和自然人财产权的保护，清理有违公平的法律法规条款"。

在党的十八届五中全会上，习近平总书记从优化企业发展环境和建设现代市场体系等方面再次强调了公平竞争的重要性，提出"清理和规范涉企行政事业性收费，减轻企业负担，完善公平竞争、促进企业健康发展的政策和制度""加快形成统一开放、竞争有序的市场体系，建立公平竞争保障机制，打破地域分割和行业垄断"；从提高对外开放水平的角度对促进内外资公平竞争提出了要求，明确要"全面实行准入前国民待遇加负面清单管理制度，促进内外资企业一视同仁、公平竞争"。

在党的十九大报告中，习近平总书记进一步将"两个毫不动摇"写入新时代坚持和发展中国特色社会主义的基本方略，将其作为党和国家的一项大政方针。在加快完善社会主义市场经济体制的重点任务方面，习近平总书记在促进公平竞争方面作出了一系列重要部署，包括"清理废除妨碍统一市场和公平竞争的各种规定和做法""打破行政性垄断，防止市场垄断"等。

在党的十九届三中全会上，习近平总书记站在深化党和国家机构改革的高度，强调要"加强和优化政府反垄断、反不正当竞争职能，打破行政性垄断，防止市场垄断，清理废除妨碍统一市场和公平竞争的各种规定和做法"。

在2018年民营企业座谈会上，习近平总书记明确提出要营造公平竞争环境，强调从破除市场壁垒、完善产业政策、加强竞争执法等方面保障民营企业公平参与市场竞争。在具体举措方面，明确要打破各种各样的"卷帘门""玻璃门""旋转门",在市场准入、审批许可、经营运行、招投标、军民融合等方面,为民营企业打造公平竞争环境,给民营企业发展创造充足市场空间。要鼓励民营企业参与国有企业改革。要推进产业政策由差异化、选择性向普惠化、功能性转变,清理违反公平、开放、透明市场规则的政策文件,推进反垄断、反不正当竞争执法。

在党的十九届四中全会上,习近平总书记从推进国家治理体系和治理能力现代化的高度,提出了"加快完善社会主义市场经济体制。建立高标准市场体系,完善公平竞争制度,全面实施市场准入负面清单制度,改革生产许可制度,健全破产制度。强化竞争政策基础地位,落实公平竞争审查制度,加强和改进反垄断和反不正当竞争执法"。这是我党第一次把公平竞争问题上升到制度层面,并将其作为坚持和完善中国特色社会主义制度的一项重要任务。

在2021年中央全面深化改革委员会第二十一次会议上,习近平总书记强调,强化反垄断、深入推进公平竞争政策实施,是完善社会主义市场经济体制的内在要求。习近平总书记指出,要从构建新发展格局、推动高质量发展、促进共同富裕的战略高度出发,促进形成公平竞争的市场环境。在制度建设方面,提出要加快健全市场准入制度、公平竞争审查机制、数字经济公平竞争监管制度、预防和制止滥用行政权力排除限制竞争制度等。在执法重点方面,提出要加强平台经济、科技创新、信息安全、民生保障等重点领域执法司法。

总体看来，习近平总书记在一系列重要决议和重要讲话中，明确了公平竞争在全面深化改革、全面依法治国中的重要地位，将其纳入了"四个全面"的战略布局；明确了公平竞争在加快完善社会主义市场经济体制、推进国家治理体系和治理能力现代化方面的重要作用，将其纳入了"五位一体"的总体布局。同时，在产权保护、市场准入、产业政策、优化营商环境、民营经济发展、高水平开放、机构改革等方面对促进公平竞争作出了部署，在新时代的发展方略和政策体系中将公平竞争提升到了前所未有的高度。

（二）习近平总书记关于公平竞争的思想落实于一系列重要文件和重大政策中

习近平总书记关于公平竞争的思想不仅具有深刻的思想内涵，而且有重大的实践意义。相关思想贯穿于一系列重要文件和重大政策中，对新时代中国特色社会主义经济建设发挥了重要指导作用。

为推动价格改革向纵深发展，加快完善主要由市场决定价格机制，2015年中共中央、国务院发布了《关于推进价格机制改革的若干意见》（中发〔2015〕28号）。文件贯彻了习近平总书记关于公平竞争促进全面深化改革和完善社会主义市场经济体制的重要论述，深刻把握了市场经济条件下价格机制与竞争机制的内在联系，提出"逐步确立竞争政策的基础性地位"，就清理和废除妨碍全国统一市场和公平竞争的各种规定和做法、反对垄断和不正当竞争、实施公平竞争审查制度作出了具体部署。

为进一步激发民营企业活力和创造力，充分发挥民营经济在经济建设中的重要作用，2019年中共中央、国务院发布了《关于营造更好发展环境支持民营企业改革发展的意见》（中发〔2019〕49号）。文件贯彻了习近平总书记"两个毫不动摇"的重要论述，为各种所有制经济公开公平公正参与市场竞争提供了切实可行的政策依据。文件围绕进一步放开民营企业市场准入、实施公平统一的市场监管制度、强化公平竞争审查制度刚性约束、破除招投标隐性壁垒，提出了优化公平竞争的市场环境的政策举措。

为深化要素市场化配置改革，促进要素自主有序流动，提高要素配置效率，2020年中共中央、国务院发布了《关于构建更加完善的要素市场化配置体制机制的意见》（中发〔2020〕9号）。文件贯彻了习近平总书记关于不同经营主体平等获取生产要素的相关要求，将要素配置高效公平作为完善要素市场化配置体制机制的重要目标。文件把营造良好改革环境作为要素市场化配置的重要保障，要求"强化竞争政策基础地位，打破行政性垄断、防止市场垄断，清理废除妨碍统一市场和公平竞争的各种规定和做法""确保各类所有制企业平等获取要素"。

为加快构建更加系统完备、更加成熟定型的高水平社会主义市场经济体制，2020年中共中央、国务院发布了《关于新时代加快完善社会主义市场经济体制的意见》（中发〔2020〕10号）。文件全面贯彻了习近平总书记关于公平竞争的思想，从基本经济制度、产权制度、公平竞争制度等方面作出了部署。文件重申了"两个毫不动摇"，提出了坚持公有制为主体、多种所有制经济共同发展的改革举措；将产权制度、公平竞争制度纳入市场经济的基础性制度，提出了健全以公平为原则的产权保护制度、全面落实公平竞争审查制度等举措。

除上述文件外，国务院《关于促进市场公平竞争维护市场正常秩序的若干意见》（国发〔2014〕20号）、《关于在市场体系建设中建立公平竞争审查制度的意见》（国发〔2016〕34号），中共中央办公厅、国务院办公厅《关于创新政府配置资源方式的指导意见》（中办发〔2016〕75号）、《关于促进中小企业健康发展的指导意见》（中办发〔2019〕24号）、《建设高标准市场体系行动方案》（中办发〔2021〕2号）等重要文件，以及各部门、各地方在深化经济体制改革、建设高标准市场体系、促进民营经济发展等方面的文件，都充分贯彻了习近平总书记关于营造公平竞争市场环境、完善公平竞争制度、以公平竞争提升资源要素配置效率、通过公平竞争促进民营企业发展等方面的思想。

二、公平竞争制度是社会主义市场经济的基础性制度

公平竞争是市场经济的基本原则,是市场机制高效运行的重要基础。习近平经济思想充分阐明公平竞争在新时代社会主义市场经济体制中的重要作用,在此基础上公平竞争制度被纳入社会主义市场经济的基础性制度。

(一)公平竞争是发展社会主义市场经济的有力支撑

习近平总书记在党的十九大报告中强调,必须"坚持社会主义市场经济改革方向"。在社会主义市场经济条件下,公平竞争既是保障市场机制有效性、优化资源配置的客观要求,也是完善政府政策、提升政策协调性的重要方向。未来一段时间,我国要坚持和完善社会主义基本经济制度,必须不断完善公平竞争制度。

完善社会主义基本经济制度必须促进公平竞争。党的十九届四中全会进一步丰富和发展了社会主义基本经济制度,为进一步完善经济治理体系、提升经济治理能力奠定了基础。促进公平竞争可以为完善社会主义基本经济制度提供多方面的支撑。首先,完善公有制为主体、多种所有制经济共同发展的基本制度,核心

就是坚持"两个毫不动摇",不断激发各种所有制经济的活力,提升其竞争力和创新力。要实现这一目标,需要营造各种所有制主体依法平等使用资源要素、公开公平公正参与竞争、同等受到法律保护的市场环境,完善公平竞争制度是营造优越市场环境的有力保障。其次,完善按劳分配为主体、多种分配方式并存的基本制度,要求促进效率和公平的有机统一。促进公平竞争是实现这一目标的必由之路,竞争是促进资源优化配置、提升经济运行效率的有效手段,而市场运行层面的公平能够为收入分配层面的公平提供有力保障。最后,完善社会主义市场经济体制离不开公平竞争。加强产权保护要求健全以公平为原则的产权保护制度,依法平等保护各类产权。完善要素市场化配置要求实现要素价格市场决定、流动自主有序、配置高效公平。只有持续促进公平竞争才能不断释放被束缚的经营主体活力,打破阻碍市场和价值规律充分发挥作用的弊端。

推动经济高质量发展必须促进公平竞争。高质量发展要求推动质量变革、效率变革和动力变革,公平竞争可以为质量改善、效率提升和创新发展提供重要动力。首先,公平竞争可以为商品和服务质量提升提供有力支撑。高质量发展是商品和服务质量普遍提高的发展,除表现为产品和服务规模的增长外,更表现为质量的提升。质量竞争是市场竞争的重要方面,通过维护公平竞争的市场环境,使产品质量更优的企业在竞争中获胜,这有利于提升总体的质量水平。其次,公平竞争可以为效率不断提升提供有力保障。高质量发展是投入产出效率和经济效益不断提高的发展，其重要标志是全要素生产率、行业投入产出效率和微观主体效益不断提升。公平竞争能够为各行业、各类主体提供外在的竞争压力，推动实现资源有效配置和企业优胜劣汰。最后，公平竞争可以有效促进创新，为创新驱动的经济增长奠定基础。垄断是阻碍创新的重要力量，当一些垄断企业能够通过实施各种垄断行为坐享高额垄断利润时，往往既无创新动力，也无创新压力。促进公平竞争能够打破垄断对创新的遏制，推动产品和技术的革新，增强经济发展动力。

（二）竞争政策在社会主义市场经济中具有基础地位

2015年发布的《中共中央国务院关于推进价格机制改革的若干意见》明确提出要"逐步确立竞争政策的基础性地位"，2016年颁布的《国务院关于在市场体系建设中建立公平竞争审查制度的意见》是奠定竞争政策基础性地位的重要制度基石。在习近平总书记公平竞争思想的指引下，我国竞争政策实践不断丰富，竞争政策地位不断提升。

从理论内涵来看，竞争政策基础地位是指以竞争的基本理念和政策原则来指导与规范其他经济政策和社会政策的制定与实施，并通过政策约束和案件执法以避免排除和限制市场竞争的行为，使竞争政策成为引导和约束其他政策和改善竞争环境的基础性经济政策。确立竞争政策基础地位要求提升竞争法在法律体系中的地位，保证政策执行机构的独立性和权威性，逐步提升竞争政策工具在经济政策体系中的优先性。

从政策发挥作用的机制来看，竞争政策是发挥市场决定性作用和更好发挥政府作用的黄金结合点，这是确立竞争政策基础地位的重要原因。党的十八届三中全会提出使市场在资源配置中起决定性作用和更好发挥政府作用，这两个作用的发挥都离不开完善的竞争政策和公平竞争的市场环境。一方面，竞争机制是市场有效配置资源的核心机制之一。只有在公平竞争的市场环境下，价格才能够有效发挥指挥棒的作用，引导生产和消费的合理调整。只有企业之间充分竞争，产品质量好、生产成本低、经营能力强的企业才能够在市场竞争中脱颖而出，获得更多的回报，吸引更多的要素投入。确立竞争政策基础地位，有利于完善市场竞争机制，通过"无形之手"提升资源配置效率。另一方面，提高经济政策科学性，减少政策负面影响是更好发挥政府作用的重要内容。竞争政策是政府制定其他经济政策的准绳。只有严格限制各项政策可能产生的反竞争影响，禁止具有排除、限制竞争效果的政策出台，才能避免公共资源的无效使用，打破各种市场壁垒和区域封锁。确立竞争政策基础地位，有利于强化产业政策、投资政策与竞争政策的协调性，避免"有形之手"导致的资源错配。

三、促进公平竞争需要发挥政府和市场两方面作用

党的十八届三中全会指出，经济体制改革是全面深化改革的重点，核心问题是处理好政府和市场的关系，使市场在资源配置中起决定性作用和更好发挥政府作用。公平竞争既是市场机制发挥作用的重要前提，也是政府完善政策体系的重要原则，促进公平竞争必须发挥政府和市场两方面作用。

（一）建设"有效市场"，发挥市场决定性作用

习近平总书记指出："理论和实践都证明，市场配置资源是最有效率的形式。市场决定资源配置是市场经济的一般规律，市场经济本质上就是市场决定资源配置的经济。健全社会主义市场经济体制必须遵循这条规律，着力解决市场体系不完善、政府干预过多和监管不到位问题。"公平竞争是发挥市场在资源配置中起决定性作用的有力保障，同时也要求进一步优化市场环境、完善市场机制。

促进公平竞争必须建设"有效市场"，不断完善社会主义市场经济体制，充分发挥市场决定性作用。一是要加快建设高标准市场体系。发展社会主义市场经济，必须建立有利于市场机制

充分发挥作用的平台。要坚持平等准入、公正监管、开放有序、诚信守法，畅通市场循环，疏通政策堵点，以统一开放、竞争有序、制度完备、治理完善为目标，深入推进高标准市场体系建设。既要通过严格的产权保护和公平的市场准入为公平竞争创造良好的制度条件，通过有效的市场监管为公平竞争营造良好的环境，又要通过公平竞争促进要素市场化配置，激励企业提升商品和服务质量。二是要持续推进市场化导向的改革。持续推进价格改革，坚持市场化改革方向不动摇，不断完善主要由市场决定价格机制，使价格机制和竞争机制共同发挥作用；持续推进国有企业改革，优化国有经济布局，剥离国有企业办社会职能和解决历史遗留问题，提升国有企业提高公司治理体系和治理能力现代化水平，使国有企业成为公平参与竞争的经营主体；持续深化金融领域的改革，健全金融机构治理，促进资本市场健康发展，深化利率汇率市场化改革，发挥好竞争机制在金融市场中的作用。三是要培育更具竞争活力的市场经营主体。市场经营主体是参与市场竞争的基本单元，市场经营主体自主决策、自主经营是公平竞争的重要条件。要进一步深化国有企业改革，大力发展混合所有制经济，破除民营企业面临的有形或无形市场门槛，完善各类经营主体法人治理结构，大力弘扬优秀企业家精神，确保各种市场中的各类企业都能公开公平公正参与市场竞争、平等使用生产要素。

（二）建设"有为政府"，更好发挥政府作用

习近平总书记指出："使市场在资源配置中起决定性作用，并不是起全部作用，不是说政府就无所作为，而是必须坚持有所为、有所不为。""我国实行的是社会主义市场经济体制，仍然要坚持发挥社会主义制度的优越性、发挥党和政府的积极作用。""管好那些市场管不了或管不好的事情。"保证公平竞争是更好发挥政府作用的重要目标，实现公平竞争要求政府建立起有利于发挥竞争机制作用的规则体系和政策体系。

促进公平竞争必须建设"有为政府"，使政府履行好宏观调控和市场监管等方面的职能，更好发挥政府作用。习近平总书记在对《关于全面深化改革若干重大问题的决定》作说明时，强调了政府职责："保持宏观经济稳定，加强和优化公共服务，保障公平竞争，加强市场监管，维护市场秩序，推动可持续发展，促进共同富裕，弥补市场失灵。"因此，政府可以从不同方面为促进公平竞争提供支撑。一方面，要完善经济政策，为市场竞争营造良好的政策环境。要进一步提升竞争政策在经济政策体系中的地位，把公平竞争作为政策制定的基本理念，逐步形成"竞争为先、公平为本"的政策环境。加快建立竞争政策与产业、投资等政策的协调机制，大力推进产业政策由差异化、选择性向普惠化、功能性转变。同时，要更加重视政府政策在解决外部性、公

共产品、信息不对称等市场失灵问题方面的积极作用，包括落实政府主体责任，强化企业责任，把生态环境破坏的外部成本内部化；优化公共产品供给体系，创新面向社会提供公共服务产品的机制，增加公共产品和服务供给；发挥好政府在信息收集、信息发布方面的作用，破解市场信息不对称难题，合理引导经营主体预期。另一方面，要推进有效的市场监管，为市场竞争营造良好的市场运行环境。在我国政府职能体系中，市场监管是弥补市场失灵、发挥市场决定性作用的重要环节，也是更好发挥政府作用、提升资源配置效率、促进公平的重要抓手。要健全适应现代市场监管特征的法律法规体系，加快推进与建设高标准市场体系、夯实竞争政策基础地位、完善公平竞争制度相关的立规建制工作。进一步优化营商环境，持续推进公平的准入和公正的监管，形成"放管结合、宽进严管"的制度性安排。持续完善公平竞争制度，优化以促进公平竞争和优化消费环境为重点的监管政策体系，以公平竞争激发经营主体活力，提升资源配置效率。

四、促进公平竞争需要重点做好四方面工作

立足新发展阶段，贯彻新发展理念，构建新发展格局，需要更好发挥公平竞争在激发经营主体活力、提升资源配置效率、激励企业创新和促进产业升级方面的积极作用。要切实保障竞争的公平性，不断优化竞争机制发挥作用的环境，需要重点做好四方面工作。

（一）不断加强公平竞争制度建设

一方面，要加快完善公平竞争相关的法律法规，进一步优化公平竞争规则。要在总结《中华人民共和国反垄断法》（以下简称《反垄断法》）实施的成功经验和面临的主要问题基础上，结合新常态下经济发展的新特征，以适应新形势、解决新问题为目标，加快推动反垄断领域各项制度规则修订工作。重点是完善滥用行政权力排除限制竞争、平台经济领域反垄断、公平竞争审查等方面的法律条文。要针对形势变化，及时修订《反垄断法》各项配套法规和政策，将《反垄断法》的精神贯穿于其他相关领域的规则和政策制定之中。要加快制定完善专门领域反垄断指南，针对网络经济、平台经济、共享经济等新经济形态，重点完善滥

用知识产权排除限制竞争、平台经济领域反垄断、横向并购、纵向并购、纵向约束、滥用市场支配地位等方面的反垄断指南，充分发挥反垄断指南在引导政策预期、事前防范垄断行为方面的积极作用。要加快制定完善反垄断实施细则、执法程序和处罚等相关规定，不断增强《反垄断法》的可操作性。

另一方面，要进一步强化维护公平竞争相关机构的建设，强化能力建设，加强机构和组织协调。要进一步加强反垄断反不正当竞争执法机构，提升相关机构的专业性和权威性。进一步充实反垄断反不正当竞争执法力量，适应新业态、新模式、新技术发展，加强业务培训，建设高素质、专业化的执法队伍。切实保障执法相关的人、财、物和技术投入，提高现代科技手段在执法办案中的应用水平。要加强国务院反垄断委员会在组织、协调、指导竞争政策实施工作方面的职能，及时调查、评估市场总体竞争状况，不断完善市场竞争规则，为有效促进公平竞争奠定坚实基础。

（二）持续强化竞争政策基础地位

一是要落实竞争政策在政策体系中的基础性地位。尊重市场经济规律，处理好政府与市场的关系，以竞争政策来规范各类经济政策，促进和保护经营主体公平竞争，保障市场配置资源作用和政府管理经济作用得到更好发挥。把维护市场公平竞争、预防和制止垄断行为作为重要政策目标，要逐步淘汰各类政策中具有限制和排除竞争影响的政策工具，减少并逐步消除各类政策中有违公平竞争的政策措施。

二是要培育经济决策部门公平竞争理念。进一步加强公平竞争的宣传教育，建立实现公平竞争的激励机制。通过各种传播渠道，倡导公平竞争，宣传各类反垄断执法的典型案例，强化警示作用，在全社会形成促进公平竞争的文化环境。使政府决策主体自我强化对竞争重要性的认识，逐步消除经济政策中的反竞争行为。鼓励各级政府在公平竞争审查中进行提升效率、改善效果的政策创新。

三是要建立健全竞争政策与其他政策的协调机制。建立"竞争为先"的协调原则，贯彻以竞争促进效率提升和经济发展的理念，明确竞争政策的优先地位。建立竞争政策与其他政策之间的事前协商制度，构建竞争政策主管部门与其他政策主管部门之间的沟通协调机制。加强竞争政策主管部门对各类政策竞争影响分析研判的指导，严格执行公平竞争审查的例外规定。

（三）加强和改进反垄断反不正当竞争执法

以专业性、稳定性、综合性和敏捷性为导向，打造更加强有力的反垄断执法队伍。大幅增加反垄断执法部门人员数量，在人员编制、专业设备、经费支持等方面加大保障力度。广泛吸纳经济学、法学、互联网技术等领域高端专业人才，构建由多学科专业人员组成的综合监管团队。建立反垄断执法人员常态化培训机制，提升监管人员的专业素养和敏捷监管能力。建立适应反垄断工作需要的干部轮岗制度，切实保障专业人员的稳定性。加大监管资源整合力度，加强行政执法、公安、税务、网信等部门的协同配合。

推动反垄断执法常态化，加强重点领域执法。充分调动各方参与反垄断工作的积极性，建立健全垄断案件线索收集机制。进一步壮大反垄断执法队伍，提高反垄断执法水平，不断加大执法部门在经营者集中审查、查处垄断协议和滥用市场支配地位方面的力度。充分发挥专家学者的决策咨询作用，不断提高反垄断执法工作科学性。提高执法服务水平，完善对企业的反垄断政策咨询。依法推进政务公开，完善反垄断执法工作信息公开制度。重点查处对社会福利影响大、消费者反响强烈、竞争机制作用缺失相关领域垄断行为。加大对滥用知识产权排除和限制竞争案件的查处力度。巩固已查处反垄断案件在促进竞争方面的成果。

（四）不断强化公平竞争审查刚性约束

在法律框架上，在公平竞争审查纳入反垄断法后，进一步细化公平竞争审查的具体规定，形成具体的法律条文，形成具有法律约束力的公平竞争审查制度体系。

在政策体系上，结合我国实际，把公平竞争审查作为竞争政策的重要支柱，不断完善公平竞争审查实施细则。加快制定公平竞争审查例外规定的规则体系，明确适用例外规定经济政策的具体范围、判定标准、解释权限和程序。明确政策措施对于实现政策目标的不可或缺性、不严重影响竞争、有具体实施期限等例外规定适用的三大要件，提出相关要件的成立条件和分析框架。建立针对依例外规定出台的相关政策的事后评估机制，定期评估政策的实施效果、对竞争的影响以及是否仍然适用例外规定。针对不再适用例外规定的政策建立清理退出机制。

在政策落实上，要结合实际情况和实施中存在的问题，优化公平竞争审查的内容、程序、方法。加强对各部门、各地区实施公平竞争审查制度的督导。引入公平竞争审查第三方评估制度。总结公平竞争审查实施的成功经验，并在政策制定过程中推广应用。适时评估公平竞争审查的实施成效，强化对公平竞争审查实施不力的部门和地方的责任追究。进一步摸排存量政策中限制和排除竞争的主要做法，评估相关政策负面影响。根据不同政策负面效应大小、经营主体反响情况、问题暴露程度，分类施策，有序清理和废除妨碍全国统一市场和公平竞争的各类政策。结合宏观经济总体情况和不同区域、不同行业发展态势，按照立即清理、设置过渡期、政策到期自动废止等方式积极推进存量政策公平竞争审查。

参考文献

习近平,2013.关于《中共中央关于全面深化改革若干重大问题的决定》的说明[J].求是(22):19-27.

习近平,2014.关于《中共中央关于全面推进依法治国若干重大问题的决定》的说明[J].求是(21):16-23.

习近平, 2017.决胜全面建成小康社会夺取新时代中国特色社会主义伟大胜利——在中国共产党第十九次全国代表大会上的报告[J].求是(21):3-28.

习近平, 2018.在民营企业座谈会上的讲话[N].人民日报,2018-11-02(2).

中共中央关于全面深化改革若干重大问题的决定(2013年11月12日中国共产党第十八届中央委员会第三次全体会议通过)[J].求是,2013(22):3-18.

中共中央关于全面推进依法治国若干重大问题的决定(2014年10月23日中国共产党第十八届中央委员会第四次全体会议通过)[J].求是,2014(21):3-15.

中共中央关于制定国民经济和社会发展第十三个五年规划的建议[J].求是, 2015(22):3-19.

中共中央关于深化党和国家机构改革的决定[J].求是, 2018(6):6-13.

中共中央关于坚持和完善中国特色社会主义制度 推进国家治理体系和治理能力现代化若干重大问题的决定[N]. 人民日报,2019-11-06(1).

加强反垄断反不正当竞争监管力度 完善物资储备体制机制 深入打好污染防治攻坚战[N].人民日报,2021-08-31(1).

刘志成,2021.从战略高度强化反垄断反不正当竞争监管[J]. 瞭望(36).

刘志成,2020.我国竞争政策实施的思路与路径研究[M].北京:中国计划出版社.

孙晋,2020.习近平关于市场公平竞争重要论述的经济法解读[J].法学评论,38(01):1-13.

臧跃茹,刘志成,2018.以确立竞争政策基础性地位为重点 加快完善社会主义市场经济体制[J].宏观经济管理(4):26-31.

第八章 构建和完善适应中国式现代化要求的经济基础制度

曾 铮

内容提要：夯实经济制度基础是现代化的关键因素，成功的现代化无不是以一套稳定成熟、运行有效的制度体系为基础和标志。党的二十大报告提出，要以中国式现代化全面推进中华民族伟大复兴，构建经济基础制度至关重要。应围绕中国式现代化的本质要求，坚持和完善社会主义基本经济制度，构建和优化产权保护、市场准入、公平竞争、社会信用等四大市场经济基础制度，建立健全要素市场、全面创新、生态文明、收入分配等四个重点领域基础性制度，统筹推进基础制度建设和制度型开放，为中国式现代化奠定坚实的制度基础。

关键词：中国式现代化；基本经济制度；市场经济基础制度；重点领域基础性制度

经济基础制度是实现中国式现代化的制度基石。党的二十大报告提出，经过十年全面深化改革，我国"坚决破除各方面体制机制弊端，各领域基础性制度框架基本建立"；面向全面建设社会主义现代化国家，要继续"深入推进改革创新，坚定不移扩大开放，着力破解深层次体制机制障碍，不断彰显中国特色社会主义制度优势，不断增强社会主义现代化建设的动力和活力，把我国制度优势更好转化为国家治理效能"。应该从基本经济制度、市场经济基础制度、重点领域基础性制度三个层面出发，协同推进基础制度建设和实施高水平制度型开放，夯实社会主义基本经济制度，健全市场经济基础制度，优化重点领域基础性制度，为实现以中国式现代化全面推进中华民族伟大复兴而筑牢经济制度根基和市场治理基础。

一、坚持和完善社会主义基本经济制度

确立生产资料所有制结构的基本经济制度，是一个国家经济发展基础制度的框架式制度，它规定了一个社会生产、分配、交换、消费经济过程的底层制度，决定了市场经济基础制度和重点领域基础性制度的基本导向。党的二十大报告提出，要"坚持和完善社会主义基本经济制度，毫不动摇巩固和发展公有制经济，

毫不动摇鼓励、支持、引导非公有制经济发展，充分发挥市场在资源配置中的决定性作用，更好发挥政府作用"，实现各类市场主体权利平等、机会平等、规则平等，为实现中国式现代化提供所有制基础。

构建中国特色现代国有企业制度。国有企业是国有经济的核心载体，是党和国家事业发展的重要物质基础和政治基础，要在坚持党的领导前提下全面构建符合市场经济发展规律的国有企业发展经营制度体系。首先，要确立把党的领导全面融入公司治理各环节的制度，确保国有企业发展战略不偏离中国式现代化前进的方向。其次，要完善国有经济布局优化和结构调整的制度，引导国资国企进一步聚焦战略安全、产业引领、国计民生、公共服务等层面和领域，全面服务于实施国家重大战略、构筑国家竞争新优势、保障产业链供应链安全、推进区域协调发展和全方位改善人民生活。最后，要优化国有资本和国有企业现代化治理制度，加快转变国资国企监管方式和有效理顺出资人职责，积极落实董事会职权和加强董事会建设，全面维护经营自主权和激发经理层活力，全方位健全各司其职、各负其责、协调运转、有效制衡的国有企业法人治理结构。

落实民营企业"两平一同"制度。民营企业是全面建设社会主义现代化国家的核心力量，发展壮大民营经济是实现中国式现代化的重要条件，要从制度和法律上把对国企民企平等对待的要求落实到位。首先，要保障民营企业依法平等使用资源要素，健全银行业金融机构服务民营企业体系，完善民营企业直接融资支持制度，持续完善针对各类所有制企业一视同仁的土地使用、人才招纳、技术转移和数据获取的政策和平台。其次，要从制度上保障民营企业公平参与市场竞争，进一步放开民营企业市场准入，实施公平统一的市场监管制度，强化公平竞争审查制度刚性约束，破除对于民营企业不利的招投标隐性壁垒，推动各类市场主体依法平等适用国家支持发展的政策。最后，要保障民营企业同等受到法律保护，依法保护民营企业产权和企业家权益，健全执法司法对民营企业的平等保护机制，防止和纠正利用行政或刑事手段干预经济纠纷，保护民营企业和企业家合法财产。

建立符合中国式现代化的世界一流企业制度。加快建设世界一流企业是推进中国式现代化的重要基础，如果没有在世界范围内竞争力较强的企业引领，就难以实现全面建设社会主义现代化国家。首先，要构建有效制衡的现代企业治理机制，健全国有企业股东会、董事会、监事会和总经理的"三会一层"治理机制，鼓励民营企业制定规范的公司章程，大力推进各类所有制企业管理体系和管理能力现代化，提高企业治理制度执行力。其次，要形成灵活高效的现代企业经营机制，有效构建和不断完善国有企业市场化经营机制，全面建立国有企业董事会向经理层授权的管理制度，鼓励民营企业积极引进职业经理人。再次，要建立激励相容的现代企业激励机制，不断深化国有企业收入分配制度改革，鼓励国有企业与民营企业协同发展混合所有制经济，促使民营企业产权与企业家个人或家族财产分离。最后,要优化监督适宜的现代企业监管机制,加快实现从管企业向管资本转变,形成以管资本为主的国有资产监管体制,逐步建立民营企业协同监管体系,切实提升我国市场主体监管的系统性、针对性、有效性。

二、构建和优化四大市场经济基础制度

夯实市场经济基础性制度是保障市场公平竞争的前提条件，只有建立健全并完善市场经济基础制度，才能确保充分发挥市场在资源配置中的决定性作用，更好发挥政府作用。党的二十大报告提出，要"完善产权保护、市场准入、公平竞争、社会信用等市场经济基础制度"，为实现中国式现代化提供市场经济制度保障。

强化产权保护制度。产权制度是社会主义市场经济的基石，保护产权是坚持社会主义基本经济制度的必然要求，要在进一步完善现代产权制度的基础上推进产权保护法治化。首先，要完善平等保护产权的法律法规体系，加快健全强化各种所有制经济产权保护的法律法规，依法保护企业产权及企业家人身财产安全，完善物权和合同等相关法律制度。其次，要形成重点领域的产权保护制度性安排，深化农村土地制度改革，优化住宅建设用地等土地使用权到期后续期的法律安排，完善金融产权制度，推动知识产权领域"放管服"改革，探索数据产权结构性分置制度。最后，要构建法治化产权处置的机制，妥善处理历史形成的产权案件，严格规范涉案产权处置的法律程序，审慎把握处理产权和经

第八章
构建和完善适应中国式现代化要求的经济基础制度

济纠纷的司法政策，完善政府守信践诺机制，健全财产征收征用制度，营造全社会重视和支持产权保护的良好环境。

健全市场准入制度。市场准入制度是国家治理市场的重要规制形式，要加快构建市场开放公平、规范有序，企业自主决策、平等竞争，政府权责清晰、监管有力的市场准入管理体制。首先，要健全市场准入核心法律法规体系，坚持改"旧法"与立"新法"并重，加快与市场准入制度相适应的相关立法，确保市场准入管理措施职权法定、事中事后监管有法可依。其次，要建立健全与市场准入制度相适应的流程机制或制度，重点完善市场准入审批机制、监管机制、激励惩戒机制、信息共享制度。最后，要加快推进配套体制机制改革，重点建立健全与市场准入负面清单制度相适应的投资体制、商事登记制度、外商投资管理体制，营造与市场准入负面清单制度相适应的公平交易、平等竞争的市场环境。

筑牢公平竞争制度。公平竞争制度是市场公平竞争的基础保障，要以制度建设和机制完善为基础，不断夯实竞争政策的基础性地位。首先，要增强公平竞争审查制度刚性约束，出台公平竞争审查例外规定适用指南，制定重点领域和行业性审查规则。其次，要加强和改进反垄断与反不正当竞争立法和执法，加快推动修改反垄断法、反不正当竞争法，制定重点行业和专项领域反垄断合规指引或反垄断和反不正当竞争规制。最后，要破除区域分割和地方保护，全面清理废除各地区妨碍统一市场和公平竞争的政策，加快建立全国统一的市场竞争规则。

　　严格社会信用制度。社会主义市场经济是信用经济，要推动社会信用体系建设全面纳入法治轨道，规范完善各领域各环节信用措施，切实保护各类主体合法权益。首先，要加快推进社会信用立法，推进《中华人民共和国社会信用体系建设法》颁布和落实，推动全国性配套法律出台和执行，鼓励各地结合实际在立法权限内制定社会信用相关地方性法规。其次，要强化社会信用工作体制机制建设，重点建立健全信用承诺、信用评价、信用分级分类监管、信用激励惩戒、信用修复等制度。最后，要构建市场主体信用合规制度，鼓励市场主体主动向社会作出信用承诺，完善企业信用修复和异议处理机制。

三、建立健全四个重点领域基础性制度

夯实中国式现代化的制度基础，亟须在重点领域改革并取得实质性进展。党的二十大报告指出，我国"重点领域改革还有不少硬骨头要啃"，因此要"着力破解深层次体制机制障碍，不断彰显中国特色社会主义制度优势，不断增强社会主义现代化建设的动力和活力，把我国制度优势更好转化为国家治理效能"，为实现中国式现代化提供重点领域的制度基石。

夯实要素市场的基础制度。我国经济领域的一些结构性问题主要源于要素配置的扭曲，推进要素市场化配置改革既是深化供给侧结构性改革的重大举措，也是实现高质量发展的必然要求。首先，要完善土地与劳动力市场制度，进一步深化户籍制度改革，探索土地管理制度改革，构建城乡统一的土地和劳动力市场制度。其次，要形成资本服务实体经济发展机制，健全资本市场基础性制度，构建多层次股权市场体系，建立央地两级金融监管和风险管理体制。再次，要优化技术市场转化机制，健全职务科技成果产权制度，完善科技资源共享服务体系，培育全国性技术交易市场，构建技术和资本要素融合发展机制。同时，要加快构建数据基础制度，构建数据产权、流通交易、收益分配、安全治

理等制度，促进数据合规高效流通使用、赋能实体经济。最后，要建立资源环境权益交易机制，建立和完善资源市场化交易机制与绿色要素交易机制，加快推进能源领域市场化改革，完善排污权、用能权、用水权、碳排放权市场化交易制度。

健全全面创新的基础制度。科技现代化是中国式现代化的强大动力，要围绕推进科技体制改革，形成支持全面创新的基础制度。首先，要建立技术创新市场导向机制，建立企业主导的产业技术创新机制，加快科技创新服务体系建设，健全产学研用协同创新机制。其次，要建设科技创新的基础体系，健全现代科研院所制度，完善高等学校科研体系，推动新型研发机构发展，优化关键核心技术攻关新型举国体制。再次，要健全科技成果转化的机制，深入推进科技成果使用、处置和收益管理改革，完善技术转移机制，强化科技成果转化的激励机制。最后，要推进科技管理基础制度建设，完善政府统筹科技创新的协调和决策咨询机制，推进财政科技计划管理改革，完善各级各类科研项目和资金管理制度，构建科技创新治理新机制。

完善生态文明的基础制度。生态文明是中国式现代化的主要特征，应推进生态文明建设进入制度化轨道，实现人与自然和谐共生的现代化。首先，健全自然资源资产产权制度，构建自然资源资产产权体系，建立国家自然资源资产管理体制，探索建立分级行使所有权的体制。其次，建立国土空间开发保护制度，完善主体功能区制度，健全国土空间用途管制制度，建立国家公园体制，完善自然资源监管体制，建立健全空间规划体系。又次，完善资源总量管理和全面节约制度，实施最严格的耕地保护制度和土地节约集约利用制度和水资源管理制度，优化能源消费强度和总量双控制度，探索碳排放总量和强度"双控"制度，完善重点自然资源保护制度，健全矿产资源开发利用管理制度和资源循环利用制度。再次，建立健全生态产品价值实现机制，建立生态产品调查监测机制，建立健全生态产品价值评价机制、生态产品经营开发机制、生态产品保护补偿机制、生态产品价值实现保障机制和生态产品价值实现推进机制。最后，完善生态文明绩效评价考核和责任追究制度，探索编制自然资源资产负债表，建立生态环境损害责任终身追究。

优化收入分配的基础制度。共同富裕是中国特色社会主义的本质要求，要正确处理效率和公平的关系，构建初次分配、再分配、三次分配协调配套的基础性制度安排。首先，要切实发挥初次分配的基础性作用，坚持按劳分配为主体，提高劳动报酬在初次分配中的比重，完善按要素分配政策。其次，要加大税收、社会保障、转移支付等的调节力度，完善税收调节机制，促进基本公共服务均等化，加大转移支付，规范收入分配秩序，规范财富积累机制。最后，要建立健全第三次分配机制，完善《中华人民共和国慈善法》实施细则和配套立法，培育适合中国国情的慈善组织体系，完善慈善组织管理和监管机制。

四、统筹推进基础制度建设和制度型开放

我国对外开放已经从商品和要素流动型转向规则等制度型开放，高水平对外开放要求推进国内制度和国外规则高效协同。党的二十大报告指出，要"稳步扩大规则、规制、管理、标准等制度型开放"，依托国内经济循环体系形成对全球要素资源的强大引力场。

主动对标传统领域经贸规则。传统领域国际经贸规则正加快重构，应准确把握国际经贸规则从边境措施向边境后措施延伸的趋势，通过构建面向全球的高标准自由贸易区网络，优化国内经济基础制度主动适应国际传统经贸规则的调整。首先，要进一步确立竞争政策的基础性地位，落实并强化公平竞争审查制度，持续推动国资监管体制改革，稳步推进自然垄断行业改革，建立健全符合国际惯例的补贴体系。其次，加快与国际投资规则对接，全面实施市场准入负面清单制度，合理缩减外资准入负面清单，营造市场化、法治化、国际化一流营商环境。最后，对标国际高标准知识产权规则，健全知识产权保护与运用体制，不断提高知识产权管理水平和治理能力。

协同塑造新兴领域规则体系。新兴领域的国际经贸投资规

则正在加速重塑，应主动顺应新时期国际秩序变化的时代特征，通过双边或多边机制协同构建新型领域的国际投资新规则，塑造我国参与国际合作与竞争新优势。首先，加快推进数字规则国际化，积极参与数字规则国际谈判，尽快推进正式加入《数字经济伙伴关系协定》，进一步优化跨境数据规制制度，完善跨境数据流动机制，加强数据分类分级管理，健全个人信息保护制度。其次，强化环境政策与贸易政策融合，全方位对接国际重要贸易投资协定中的环境条款，将我国签订的双边或多边自由贸易协定的环境条款全面纳入我国生态环境保护规划。最后，加快国内劳工标准适应性调整，在劳工问题领域统筹推进国内法治与涉外法治，进一步完善《中华人民共和国劳动法》和《中华人民共和国劳动合同法》等主体法律，完善和改革我国相关劳动法律制度。

积极参与全球治理体系改革。全球治理体系正面临深刻变化，应以更加积极的姿态参与全球治理体系改革和建设，统筹好国内经济制度建设和建立更加公正合理的国际经济新秩序。首先，主动参与世贸组织改革，通过改革提高我国贸易和投资自由化便利化程度，积极应对试图修改全球自由贸易规则、威胁全球贸易仲裁体系等行为。其次，参与相关国际贸易投资规则的制定或修改，加快国内经济基础制度的适应性调整，提高规则变革中的话语权。最后，支持开放、透明、包容、非歧视性的多边贸易体制，通过广泛签订双边或多边自由贸易协定来助推国内经济体制改革，促进实现更高水平开放型经济新体制。

参考文献

习近平,2013. 关于《中共中央关于全面深化改革若干重大问题的决定》的说明[J]. 求是(22).

习近平,2017. 决胜全面建成小康社会夺取新时代中国特色社会主义伟大胜利——在中国共产党第十九次全国代表大会上的报告[J]. 求是(22).

习近平,2022. 高举中国特色社会主义伟大旗帜 为全面建设社会主义现代化国家而团结奋斗[N]. 人民日报,2022-10-26.

中共中央关于全面深化改革若干重大问题的决定[J]. 求是,2013(22).

中共中央关于坚持和完善中国特色社会主义制度 推进国家治理体系和治理能力现代化若干重大问题的决定[N]. 人民日报,2019-11-6.

中共中央办公厅,国务院办公厅,2021. 建设高标准市场体系行动方案[EB/OL]. 2021-1-31.

白暴力,王胜利,2017. 供给侧改革的理论和制度基础与创新[J]. 中国社会科学院研究生院学报(3).

蔡昉,2015. 依法推进经济体制改革[J]. 经济研究(1).

刘尚希,2022. 论人民至上的市场经济[J]. 财贸经济(9).

卢现祥,2020.高质量发展的体制制度基础与结构性改革[J].社会科学战线(5).

王青,2022.加快建设全国统一大市场 夯实新发展格局制度基础[J].中国经济报告(5).

王一鸣,2020.建设高水平社会主义市场经济体制[N].经济日报,2020-5-30.

吴敬琏,2018.社会主义市场经济：认识进展与制度构建[J].中国金融(24).

张卓元,2017.新时代经济改革若干新举措[J].经济研究(11).

第九章 深入推进价格规制体系现代化

杨 娟

内容提要：价格规制是现代市场经济国家政府的重要职能，是在市场失灵领域实现公平、公正和优化资源配置的重要制度安排。价格规制体系现代化是国家治理体系和治理能力现代化的重要构成，是法治政府建设的重要内容，是推动绿色发展的重要保障。价格规制体系现代化的核心是价格规制的治理体系和治理能力现代化，前者指价格规制法规、组织和决策体系的健全，后者指政府在治理体系框架下有效实施价格规制的能力，包括系统设置规制内容、引入先进理念、采用科学方法和有效工具。价格规制体系现代化建设是一项长期任务，近期可重点开展以下工作：推进价格规制体系现代化建设综合试点，优化部门间信息共享和工作协调机制，加强规制机构能力建设和资源保障，完善规则制定和定调价程序，建立健全信息公开制度，提高消费者组织程度和公众参与能力，优化定调价方法，研究制定规制会计准则并建立定期报送评估制度。

一、推进价格规制体系现代化的重大意义

（一）价格规制体系现代化是国家治理体系和治理能力现代化的重要构成

党的二十大报告指出，未来五年是全面建设社会主义现代化国家开局起步的关键时期。提出的主要目标任务中包括"建设现代化经济体系取得重大进展""国家治理体系和治理能力现代化深入推进"。价格规制是现代市场经济国家政府的重要职能，是在市场失灵领域实现公平、公正和优化资源配置的重要制度安排。

规制（也称为监管、管制）是指政府或法律授权的公权力机构依据规则对被规制企业决策行为的干预和限制。价格规制是指政府或法律授权的公权力机构依据规则对被规制企业价格的直接限制和干预。现代市场经济国家普遍对因自然垄断或外部性等原因导致市场失灵、同时又涉及公共利益领域的价格，以及投资、质量、准入退出等行为实施规制，称为经济性规制。其中，价格对垄断企业和消费者的经济利益影响最大也最为直接，是经济性规制的核心。

价格规制的主要领域包括能源、交通、通信、供水等行业，

这些产品和服务能否充足可靠经济地提供，直接关系现代经济社会发展和人民生活水平提高。深入推进价格规制体系现代化，有利于构建充分发挥市场作用、更好发挥政府作用的经济体制，是现代化经济体系建设和推进国家治理体系和治理能力现代化的重要构成。

（二）价格规制体系现代化是法治政府建设的重要内容

党的二十大报告指出，"转变政府职能，优化政府职责体系和组织结构，推进机构、职能、权限、程序、责任法定化，提高行政效率和公信力"。计划经济体制下，垄断行业产品和服务由政府直接提供，价格由政府直接制定，与消费者利益不存在潜在冲突。在市场经济中，垄断企业为追求自身利益，可能会制定垄断高价，而消费者则希望价格越低越好，因而市场经济中政府的价格规制，与计划经济体制下存在本质区别，必须在法律授权范围内"依规而为"，才能有效平衡双方经济利益关系，促进生产和消费效率提高，保障产品和服务供给。

价格规制体系需包括与规制相关的法律法规、组织机构以及监督制衡机制等。实践中，价格规制机构属于政府行政序列，同时又具有准立法、准司法职能，一些国家称之为"行政规制机构"，一些国家称之为"立法、司法、行政以外的政府第四部门"。主要原因在于：价格规制的专业性极强，而行业发展变化较快，要求规制方法等方面进行动态调整适应，高层级法律通常对规制机构组织、法定权限、履职程序、规制原则等内容作出规定，但无法穷尽所有内容，规制机构须在法律规定的权限内按照法定程序制定实施细则（部门规章），因而具有准立法性质；在此基础上，规制机构还需依据法律和实施细则作出核定价格的裁决，具有准司法性质；规制机构后续需对垄断企业执行核定（限制）价格进行监督检查以及受理消费者投诉，从而又具有准执法性质。因此，推进价格规制体系现代化是法治政府建设的重要内容。

（三）价格规制体系现代化是推动绿色发展的重要保障

党的二十大报告提出，推动绿色发展，协同推进降碳、减污、扩绿、增长。加快发展方式绿色转型，完善支持绿色发展的价格政策。价格是市场经济中引导资源配置的核心机制。推动价格规制体系现代化，有利于完善污水处理收费政策，健全固体废物处理收费机制，建立健全有利于节约用水的价格机制、促进节能环保的电价机制，推动形成绿色低碳的生产方式和生活方式，深入推进环境污染防治，积极稳妥推进碳达峰碳中和。比如，建立健全促进可再生能源规模化发展的价格机制，有利于促进能源绿色低碳转型；完善差别化电价与阶梯电价政策、加快推进供热计量改革和按供热量收费，有利于推动能源利用效率提高；完善用户侧分时电价政策，有利于优化能源供需资源配置。

二、推进价格规制体系现代化的总体思路

（一）价格规制体系现代化的内涵

价格规制体系指影响规制绩效的各个要素及其相互关系，包括与规制相关的法律法规、组织机构以及监督制衡机制等。因此，价格规制体系的构建应具有系统性、逻辑性。理想规制体系设计应体现：独立于被规制企业、清晰的职责、必要的授权、充足的可用资源、完备的规则、透明和公众参与、可预测和可问责。

价格规制涉及消费者、立法机构、规制机构、垄断企业之间的多重委托代理关系。分散的消费者不具备直接委托垄断企业提供服务的能力，因而一般首先由立法机构作为消费者的代表，设立规制机构，再由规制机构授权垄断企业特许经营并实施相应的专业化规制，实现维护消费者利益的政策目标。

因此，现代化的价格规制体系应有针对上述委托代理关系的系统性制度设计，需包括现代化的治理体系和治理能力，二者缺一不可。其中，价格规制治理体系的现代化，是指价格规制的法规、组织和决策体系的健全，其主体为立法机构，对象为规制机构，即立法机构赋予规制机构履职所需的组织、权力、资源保

障，同时建立必要的约束和制衡机制。但即使有再好的治理体系，也不能确保规制的有效实施，还需有相应的治理（执行）能力，即价格规制治理能力的现代化：价格规制机构具备有效执行相关法规及规制政策的能力，亦即在治理体系框架下有效实施价格规制的能力，其主体为规制机构，对象为垄断企业。

（二）推进价格规制治理体系现代化

一是在国家层面出台规制法案，明确价格规制体系相关内容。法案应明确界定：规制目标，规制机构的组织、职责、履职程序、监督和问责机制，垄断企业的义务等内容。从我国国情出发，法案还需对被规制行业国企管理体制等进行规定，从而形成完整的治理体系。

二是整合相关政府职能，设立定位清晰、职能完备的经济性规制机构。该机构可参考现行银行证券业规制机构设置模式，如"国家公用事业规制委员会"模式，并在各省份相应设立省级公用事业规制委员会；也可参考德国等国模式，在国家发展改革委内部进行整合，设立二级经济性规制机构。

三是保障规制机构拥有充足的规制资源。包括：数量充足、专业结构配置合理的工作人员，充足的经费预算，可在需要时聘请外部顾问和专家，对工作人员开展定期培训，积极参与国际和区域规制机构联盟，建立与他国规制机构的交流合作机制。

四是授予规制机构履职所需的必要权限。与价格规制职能相关的权限至少应该包括：设定或批准被规制服务的价格；强制垄断企业遵守规制会计准则、保留记录、提供规制所需的信息；监测垄断企业绩效，发布相关报告和信息；监督垄断企业执行规则情况，必要时有权实施经济处罚；受理和裁定垄断企业与消费者之间的经济纠纷；设定垄断国有企业考核管理的经济指标。

五是明确规制机构履职要求和程序。要求规制机构依法制定完备的规则（部门规章），依规而为。实施细则应尽可能完整、详尽和明确，具有可操作性，将自由裁量权降低到最低程度。明确规制机构制定和执行规则的程序。

六是建立信息公开和公众参与机制。规制法案应明确规定规制机构信息公开的范围和程度，包括机构职责、机构构成，法律法规、年度工作报告，规制决策结果、依据和过程，决策过程中形成的相关公告、文件、咨询报告等。在规制机构内部设立专职的消费者保护部门，一方面对消费者直接参与提供建议和帮助，另一方面聘请经济、财务、技术、法律等专家代表消费者有效参与决策。

七是建立对规制机构的问责和评估审查制度。规制机构须向立法机构或上级行政机构（如全国人大、国务院）提交年度工作报告，报告年度预期工作目标以及完成情况，提交重大规制政策的成本-收益分析报告。立法机构或上级行政机构对规制机构的规制框架和绩效进行定期审查（如每5年1次），评估相关法律规定是否需要变更。

（三）推进价格规制治理能力现代化

现代化的治理能力要求设置全面的规制内容，引入先进的理念，采用科学的方法和有效的工具手段。全面的规制内容指垄断企业价格与成本、投资、运营效率密切相关，价格核定需以信息搜集和绩效评估为基础，"缺一不可"；先进的理念指基于市场经济的理念核定价格，在消费者和垄断企业经济利益（即消费者短期和长期利益）之间取得平衡，不能"顾此失彼"；科学的方法指遵循规制经济学理论，借鉴成熟国际经验，更要结合国情加以运用；有效的工具手段指对垄断企业规制的具体方式，除核定价格并要求垄断企业执行以外，还需强制垄断企业按要求提供规制所需的信息等。具体包括如下方面。

一是采用针对国有企业的激励相容机制，有效控制价格水平。政府价格规制是对自然垄断等市场失灵的纠正，应以长期边际成本作为定价依据，才能为消费者和垄断企业双方接受。即以3~5年或更长时间为一个规制周期，根据补偿下一周期合理成本并获得合理回报的原则，提前核定或限制价格水平。但是，只有在有效率投资和运行前提下发生的合理成本，才能计入价格，否则会导致消费者为不合理的高成本付费。此外，垄断企业属于低风险行业，准许回报率也应低于市场平均水平。核定未来3~5年价格水平的基本模型有回报率和上限制两种。我国在电力、天然

第九章
深入推进价格规制体系现代化

气、供水等行业已初步建立更接近回报率的"准许成本加合理收益"规制模型，在此基础上可逐步实行激励性更强的上限制规制方法，同时设计针对垄断国有企业的激励相容机制，如将产品和服务的"性价比"与垄断国有企业考核挂钩，从而使垄断国有企业形成合理投资、降低成本、提高效率的内在动力。

二是科学设计价格结构，促进资源优化配置。不同用户的成本责任不同。比如对所有用户制定统一的价格标准，不仅造成不公平负担，还将扭曲价格信号，导致资源配置的低效，并最终提高整体价格。因而，规制机构在确定出企业可持续且有效率运营的总资金需求后，还需在各类用户间公平分摊成本，进而设计各类用户的价格结构。优化价格结构，最重要的原则是责任者负担，即"谁用谁出钱、多用多出钱"，同时兼顾可执行性，简单透明，便于用户理解和执行。基本价格结构包括接入费、共用网络价格，两部制、阶梯价格，分时价格等。

三是制定规制信息系统，搜集必要信息，降低信息不对称。规制经济学理论和国际实践均表明，激励性方法并未降低对成本等信息的要求，其实施也需以尽可能降低信息不对称为前提，否则垄断企业可能利用其信息优势获得超额利润。规制机构需首先设计反映行业特点和价格规制需要的规制会计准则，基于功能对成本进行分类，强制要求垄断企业按规定的成本科目归集成本，从而为判断成本合理性和科学分摊成本提供基础。再以专用规制会计准则为基础，设计规制信息上报模板，要求企业定期按规定格式和要求填报，包括成本、技术数据、用户需求信息、销售量信息、投资信息等内容。

四是动态监测和评估垄断企业成本和绩效。以上述完备的成本报表系统及相关信息为基础，规制机构组织对企业提交的成本信息进行定期评估，从而约束企业成本，并为周期性价格调整提供依据。被规制行业通常具有资本密集型特征，投资成本比重一般高达2/3以上。因而投资成本控制显然是价格水平控制的最关键因素，规制机构需实施全过程监测和评估。首先是每隔3～5年核定下一周期准许收入时，应要求垄断企业提交下一周期的详细投资计划、相关数据以及立项依据、成本收益分析等。其次是在每一规制周期内，动态监测项目建设和费用支出进度，要求企业说明实际投资成本与预测投资成本的差异及原因。最后是在大型项目投产后对项目进行经济性审查，如项目投资被证明不审慎，则相应投资不允许计入价格。

三、推进价格规制体系现代化的重点任务

党的十八大以来，我国价格规制体系建设取得了积极进展。现代化价格规制体系建设是一项长期任务，近期建议重点完成以下方面的工作。

（一）开展价格规制体系现代化建设综合试点

价格规制体系现代化涉及机构改革、垄断行业改革、法律法规修订等多项内容。先行先试是我国经济体制改革的重要经验。建议选择经济社会发展水平较高，规制外部环境、机构组织和运行机制、人力资源等保障程度相对较高的省份，开展价格规制体系现代化建设综合试点。

（二）优化部门间信息共享和工作协调机制

建立部门间信息共享机制。在规划和项目审批环节加强成本-收益分析，建立重大项目竣工后评估机制，将"技改"项目纳入政府规制范围。明确被规制行业的财务核算制度是价格规制的一部分。中央财政专项补贴建设资金不纳入国有企业绩效考核，在核定价格时按零成本资金处理。建立适用于自然垄断国有

企业的考核机制。促进财政对垄断国有企业补贴的透明化，提高国有企业商业化运营程度。加强垄断企业关联交易规制。

（三）加强规制机构能力建设和资源保障

围绕价格规制工作相关的规制经济学、技术、会计、法律等专业，优化规制人员知识结构，建立定期培训制度，提高规制人员数量。建立规制机构内部定期交流机制。充分发挥外部专业机构力量，为政府决策提供参考，完善竞争性咨询服务外包机制，优化咨询服务甄选和评价考核机制。

（四）完善价格规则制定和决策程序

在《政府制定价格行为规则》中纳入规则（部门规章）制定程序，可更名为《政府价格决策程序规则》，或另行出台《政府制定价格规章规则》，就政府制定价格规章的程序进行规定并公开，同步建立重大规则定期评估制度。完善现行定调价程序，细化并公布听取社会意见、集体审议、专家论证、风险评估等环节的具体程序和内容。

（五）建立健全政府和企业信息公开制度

依据《政府信息公开条例》制定《价格规制信息公开办法》。相关政府部门公开相关法律法规、部门规章；价格决策结果、程序、依据；发布价格规制年度工作报告，包括年度工作开展情况、相关统计数据等。根据《政府信息公开条例》第三十七条规定，明确垄断企业信息公开内容和要求，包括垄断企业概况、业务范围、规章条款、投资规划、财务报表、行业科普、用户价格表、账单及详细解释等。

（六）提高消费者组织程度和参与能力

目前听证会是消费者参与的主要途径。建议将"价格听证"定位为"非正式听证"，即"听取意见会"，从而提高听证会效率。完善听证会流程、听证材料要求等规定。扩大听证范围，将价格下调、重大价格政策制定调整纳入。同时，由于居民、非居民的成本、价格相互关联和影响，建议同时纳入听证范围统筹考虑。

（七）优化定价方法，建立健全定期调价机制

优化准许成本加合理收益规制方法，进一步细化参数核定；引入对标方法，建立利润、成本分享机制。优化价格结构，公平分摊用户成本，引导资源合理配置。完善价格调整机制，区分不可控成本和可控成本，不可控成本定期自动调整，可控成本则由消费者和垄断企业"风险共担、收益共享"。

（八）研究制定规制会计准则，建立信息报送评估制度

研究制定行业规制会计准则基本框架，对成本科目设置以

及详细释义等作出明确界定。研究制定成本信息报表系统，明确垄断企业定期填报义务，对其投资、运行成本及经营信息实施全方位规制。对垄断企业成本、绩效开展定期评估，引入横向（地区间、行业间）、纵向（不同年份）对标，发布评估报告。全面建设价格规制信息数据库，降低信息不对称，加强对垄断企业约束，为实施激励性规制提供基础。

参考资料

习近平,2022.高举中国特色社会主义伟大旗帜 为全面建设社会主义现代化国家而团结奋斗——在中国共产党第二十次全国代表大会上的报告[J].党建(11).

党的二十大报告辅导读本,2022.北京:人民出版社.

董小君,石涛,唐蕊,2023.习近平关于"双碳"重要论述的理论渊源、核心要义与践行遵循[J].理论探索(1).

熊光清,蔡正道,2022.中国国家治理体系和治理能力现代化的内涵及目的——从现代化进程角度的考察[J].学习与探索(8).

第十章 建设高标准市场体系

周 适

内容提要： 建设高标准市场体系是完善高水平社会主义市场经济体制的重要内容，是构建新发展格局、实现高质量发展和高水平开放的重要支撑。面向2035年，我国经济社会发展呈现新趋势，对高标准市场体系建设提出新要求：经济增长方式由劳动、资本密集型向知识经济、自主创新转变，经济社会由高能耗模式向低碳经济转型，经济形态由工业经济向数字经济、平台经济演进，产业结构由工业为主转向服务业与"三新"经济为主。建议多措并举，建设支持中长期科技创新的资本市场和技术市场，健全知识产权保护。建设服务低碳经济、交易活跃的资源环境权益交易市场，健全市场制度。建设服务数字经济和平台经济的数据要素市场，完善市场监管。建设适应产业结构转型与新经济、促进资源流动的劳动力和人力资源市场，扩大市场开放。

市场体系是社会主义市场经济体制的重要组成部分和有效运转的基础。建设高标准市场体系是完善高水平社会主义市场经济体制的重要内容。改革开放特别是党的十八大以来，我国市场体系建设取得了巨大的成就，对经济发展和社会主义市场经济体制建设起到了重要的支撑作用。近年来，党中央着眼于构建高水平社会主义市场经济体制，对市场体系建设提出了更高的标准和要求。党的二十大报告提出，"深化要素市场化改革，建设高标准市场体系""完善产权保护、市场准入、公平竞争、社会信用等市场经济基础制度""加强反垄断和反不正当竞争，破除地方保护和行政性垄断，依法规范和引导资本健康发展"。

一、建设高标准市场体系的重要意义

（一）构建高水平社会主义市场经济体制的重要内容

我国经济已由高速增长阶段转向高质量发展阶段，与新形势、新要求、新征程相比，我国市场体系还不健全、市场发育还不充分，存在市场激励不足、要素流动不畅、资源配置效率不高、市场主体活力不强等问题。更好发挥市场在资源配置中的决定性作用，必须进一步深化市场化改革，建设高标准市场体系，实现产权有效激励、要素自由流动、价格反应灵活、竞争公平有序、企业优胜劣汰，筑牢社会主义市场经济有效运行的体制基础。

（二）构建新发展格局的重要支撑

建设高标准市场体系对加快构建以国内大循环为主体、国内国际双循环相互促进的新发展格局具有重要意义。加快建设高标准市场体系，才能使生产、分配、流通、消费等各个环节顺畅衔接，土地、数据、劳动力、资本、技术等生产要素优化配置，产业链和供应链高效对接与整合，国民经济形成良性循环。

（三）实现高质量发展和高水平开放的重要基石

建设高标准市场体系是对内实现经济高质量发展的重要基石。建设高标准市场体系能够提高资源配置效率，进而提高经济增长的全要素生产率，实现高质量发展。建设高标准市场体系是实现更高水平对外开放、发展更高层次开放型经济的需要。全球新一轮科技革命下，新要素、新技术、新产品不断涌现，迫切需要加快完善市场制度，加快国内制度规则与国际接轨，推动国内市场和国际市场更好联通，更好利用国内国际两个市场、两种资源。

二、高标准市场体系的内涵与特征

（一）高标准市场体系的内涵

高标准市场体系是市场主体具备全球竞争力、交易平台具有国际定价影响力、交通物流基础设施高效互联、市场运行机制畅通有效、基础制度具备全球制度优势、监管体系先进完善的市场体系。

（二）高标准市场体系的重要特征

1.交易对象结构高级化

从要素市场来看，高标准市场具有三方面重要特征。

一是各要素子市场之间结构升级。从总体看，要素市场由劳动力、资本密集型转向更高级的知识、技术、数据要素密集型。标志着所在经济体的要素禀赋不断升级。

二是要素子市场内部结构升级。对于劳动力市场，由体力劳动者为主构成的劳动力市场不断向知识、技术型人才占主导地位的人力资本市场过渡。对于资本市场，由银行占主导地位的信贷市场向股权基金、风险投资基金占比提高的股权资本市场发展，标志着所在经济体由传统制造型向科技创新型的转型。

三是数据、资源环境权益等新型要素市场规模不断壮大。对于数据要素市场,数据使用权、数据衍生产品、数据服务等交易对象不断丰富。对于资源环境权益市场,用能权、碳排放权、排污权、水权、节能量等交易对象和工具不断涌现。交易范围从地方市场发展为全国性市场甚至跨国市场。

从商品市场来看,高标准市场具有如下重要特征。

一是形态高级化。大宗商品期货市场是商品市场发展的高级形态。不同于普通消费品,大宗商品标准化程度高,能够进行大批量、及时、高频交易。

二是产品结构和期限结构全面且丰富。大宗商品市场涵盖现期和中远期,期限结构覆盖全面,拥有现货、期货、期权、掉期、互换等丰富的交易对象,能够充分满足各种交易需求。

2.市场制度先进完善

一是构建起覆盖新型交易对象的制度体系。高标准市场体系应拥有健全的数据要素、资源环境权益交易制度规则,交易对象产权界定清晰明确、标准化、可计量,能够以较低的交易成本实现要素的优化配置。知识产权归属清晰、保护有力。

二是具有成熟的风险防范和交易者保护制度。高标准市场体系需能够有效防范内幕交易、信息欺诈、价格操纵和系统性风险,能够公平保护交易者和各方参与者的利益,保障市场运行安全。

3.市场基础设施高效互联

高标准市场体系应拥有智能化、信息化、网络化、综合性、多功能、辐射范围广、具有国际定价影响力的交易平台。应拥有国内外互联互通的资产登记托管系统、清算结算系统、支付系统、基础征信系统等金融市场基础设施。应拥有高效互联的交通和物流运输基础设施。

4.市场运行机制畅通有效

一是拥有完备的价格发现功能。高标准市场通过公开、公正、高效、竞争的运行机制形成具有真实性、预期性、连续性和权威性的价格，所形成的价格能够比较准确地反映真实的供求状况及价格变动趋势。

二是价格机制能够有效反映和调节市场供求状况。不论是市场自由竞价，还是政府定价或政府指导价，都能使商品和要素在价格机制的作用下跨区域自由流向生产率最高的部门、行业、企业，实现要素配置的帕累托最优和社会福利的最大化。

三是竞争机制能够充分有效地发挥作用。市场主体能够在全国各地的商品和要素市场上公平竞争、公平交易，不受行政力量和所有制属性的限制和干预。

（三）高标准市场体系与现代市场体系及其他层面的关系

1.高标准市场体系与现代市场体系的关系

高标准市场体系建立在现代市场体系的基础之上。从2002年到2018年是建设现代市场体系阶段，2019年至今进入建设高标准市场体系阶段。从发展水平上看，现代市场体系相当于市场体系的"动车""2.0版本",高标准市场体系相当于市场体系的"高铁""3.0版本"。从发展路径上看,现代市场体系建设是对标发达经济体标准,高标准市场体系建设则结合了国际先进制度和我国制度优势。

2.高标准市场体系与社会主义市场经济体制的关系

建设高标准市场体系是完善社会主义市场经济体制的新目标。自党的十四大提出建设社会主义市场经济体制以来,我国已经在社会主义市场经济道路上行进了20多年。党的十九届四中全会提出,加快完善社会主义市场经济体制,必须建设高标准市场体系。党的十九届五中全会通过的《中共中央关于制定国民经济和社会发展第十四个五年规划和二〇三五年远景目标的建议》提出,"实施高标准市场体系建设行动",对建设高标准市场体系作出战略部署并明确其内容。

3.高标准市场体系与强大国内市场的关系

高标准市场体系是我国建设强大国内市场的重要制度框架和机制基础。如果将强大国内市场比作人的肢体和肌肉,高标准市场体系就是人的骨骼和神经系统。高标准市场体系是推动我国从市场大国向市场强国迈进的重要之举,是发挥市场在资源配置中的决定性作用和更好发挥政府作用的有机结合点。

三、面向2035年市场体系发展的新趋势与新要求

高标准市场体系建设是面向2035年的长远规划，需具有长期性和预见性。未来一段时期，国内外形势面临一系列趋势性、转折性和阶段性变化。增长方式转变、数字经济转型、产业结构调整都对建设高标准市场体系提出新要求。

（一）经济增长方式由劳动、资本密集型向知识经济、自主创新转变，对知识产权保护、资本市场与人力资源市场发展提出新挑战

望向2035年，我国经济增长方式将从基于劳动力和资本积累的投资驱动型增长转向知识、科技和创新驱动的高效率增长。我国现已进入创新型国家行列，根据我国提出的远景目标，到2035年，我国将进入创新型国家前列，到2050年将成为世界科技强国。我国将从模仿创新彻底转向自主创新。创新竞争模式将由单体创新转向多主体协同创新，转向多方多环节全方位同步创新。

一是自主创新要求我国建立高水平的产权和知识产权保护体系。产权和知识产权保护可有效激励创新。在集群创新时代，知识产权界定、流通、交易和保护问题更加复杂化。自主创新和集

群创新要求在知识产权保护和获得技术外溢效益之间取得平衡，要求建立适应自主创新、集群创新特点的新型产权保护制度。

二是自主创新要求我国建立与创新体系相匹配的资本市场。科技自主创新要求培育股权投资市场。自主创新具有高研发投入、高失败风险等特点，天使投资、风险投资等广义股权投资比银行贷款更适合支持自主创新。展望2035年，我国股票市场需完成从投机型市场向服务科技企业自主创新、服务实体经济发展的资本市场的转型。由于自主创新具有不确定性和多样性，需要发挥市场在资本要素配置中的决定性作用。资金来源方面，需要金融市场提供能够分散风险的投资工具。资金流向方面，需要发展服务中小企业的金融市场。

三是知识经济加速了我国劳动力市场由数量型向质量型转变进程。目前，我国技能劳动者超过2亿人，占劳动人口总量的26%。其中，高技能人才5000万人，占技能人才总量的28%。相比之下，德国、日本等国高技能人才占技能人才的50%左右。[1] 未来一段时期，我国将进入高技能人才占比持续提高的阶段，要求劳动力市场向更好服务高技能人才转型，为高技能人才的供需精准匹配、个性化和高水平就业服务。

---

[1] 参见：人民日报，光明网. 中国技能劳动者超过2亿人 其中高技能人才超过5000万[OL/EB]. https://m.gmw.cn/baijia/2021–03/19/1302174530.html.

（二）经济社会由高能耗模式向低碳经济转型，为资源环境权益交易市场和大宗商品市场发展带来新机遇

现阶段，我国能源消费总量约占全球一次能源消费总量的24%。由于经济规模巨大，全球没有足够多的自然资源和环境容量来支撑我国的高能耗、高投入增长方式，需要通过市场将稀缺的环境资源配置到投入产出效率最高的领域，以最小的环境成本获得最大的增长。碳达峰、碳中和目标愿景的提出使得绿色发展成为未来40年中国经济社会发展的主基调。"十四五"时期，我国生态文明建设进入以降碳为重点战略方向、实现生态环境质量改善的关键时期，要求我国加快建设适应绿色、低碳发展的市场体系。

一是加快建设、培育和发展碳交易市场、用能权市场等资源环境权益交易市场。通过发展资源环境交易市场，在实现节能减排的政策目标的同时获得最高效率的经济增长，对建立绿色低碳循环发展的经济体系，实现碳达峰、碳中和目标愿景形成有力支撑。

二是推动大宗商品市场结构升级。在碳达峰、碳中和目标愿景下，全球将从"石油时代"向"新能源时代"过渡。可再生能源市场将在一定程度上替代原油、汽柴油、煤炭等大宗商品市场的份额，大宗商品市场需加快培育和发展可再生能源产

品，在全球可再生能源市场争取话语权和价格影响力。

（三）经济形态由工业经济向数字经济、平台经济演进，为数据要素、数字产品和服务市场发展带来新机遇

数字技术革命被认为是继蒸汽革命、电气革命、信息革命之后的第四次工业革命。我国数字经济发展空间巨大。根据中国信息通信研究院的报告，2018年，我国数字经济占GDP比重为34.8%，国际排名第九，而美国、英国、德国数字经济占GDP比重都超过60%。[1]数字经济发展对我国市场体系建设带来新机遇和新要求。

一是数字经济发展需要建设制度完善、活跃度高、数据安全保护健全的数据要素交易市场。数据要素将成为继资本、劳动力、土地、技术要素之后的，经济社会发展所需的又一基本要素。我国需加快建设数据要素市场，推动数据要素流通交易，实现数据要素的高效公平配置，夯实数字经济发展的市场基础。

二是需推动数字产品和数字服务市场发展壮大。随着数字经济广度和深度的不断延伸，数字产品和数字服务的种类将极大丰富，对数字产品和服务的需求也将不断增长，数字产品和服务市场具有广阔的发展空间。我国应抓住这一机遇，加快建设数字产品与服务交易平台，建立健全交易规则和保障制度，建设国际领

---

[1] 参见：中国信息通信研究院. 中国数字经济发展与就业白皮书（2019年）[R]. https://www.sohu.com/a/309109951_210640.

先的高标准数字产品与服务市场。

（四）产业结构由工业为主转向服务业与"三新"经济，对劳动力市场和服务市场建设提出新要求

从产业结构看，我国正经历从工业社会向后工业社会转变的关键时期，并出现了一些不同于发达国家后工业化过程中的特征。主要表现为生产性服务业的迅猛发展和制造业与服务业的融合发展。产业结构内部构成也出现一些新的变化。"三新"经济如火如荼。物联网、大数据、云计算广泛应用，"互联网+""智能+"等催生的新产业、新业态、新模式迅猛发展。在此趋势下，劳动力供需和服务市场出现一些新特征。

一是工作安排去组织化、平台化。许多劳动者不再作为"单位人"来就业，而是以平台上指派的需求而自主选择工作，通过信息技术、各类平台或是与市场细分领域的连接，实现个人与工作机会的对接，其工作过程接受平台的监管。例如滴滴打车的司机、外卖骑手、家政服务人员等，还有具备一定专业知识、技术、技能的自由职业者，如自由撰稿人、自由艺人、咨询师、码农、SOHO族等。还有一些自由职业者通过社群，如读书、亲子、手游、cosplay等，生产和发布高质量的娱乐视听作品、文章、服务等，通过扩大影响力吸引广告商家或发展社群经济以获得经济回报。这些趋势要求劳动力市场传统的组织交易方式作出相应的调整和改变。

二是供需关系灵活化、工作碎片化。在服务型劳动力市场中，劳动力将被分割和细化为以小时或任务计算的单位进行交易，更具有即时性，对交易时间和交易效率提出更高的要求，劳动技能和需求更加多样化、个性化和具有创新性。以"威客"模式为例，一些公司将工作分解为碎片化的任务，如程序开发、广告设计等，通过互联网公开发布，集合网络"威客"共同完成。这些趋势对市场的识别、搜寻、匹配、撮合交易服务提出更高的要求，需建设灵活用工、弹性就业、共享用工、在线用工的新型劳动力市场。

三是服务市场供需迅速增长、发展前景广阔。目前，全球服务贸易增速已超过货物贸易，在全球贸易中的占比不断上升。我国具有世界上最充裕的劳动力和人力资源供给，同时服务需求的增长空间巨大，为服务市场发展壮大提供了有利的基础条件。

四、建设高标准市场体系的重大举措

（一）建设支持中长期科技创新的资本市场和技术市场，健全知识产权保护

1.建设支持科技创新的资本市场

大力发展中长期股权投资市场。引导资本从短期行为向中长期投资转化，建设覆盖技术培育、发展、收获、转型各阶段全方位支撑的资本市场。大力培育创业投资市场，完善创业投资激励和退出机制，政府资金多支持、多让利，引导天使投资人群体、私募股权、创业投资等扩大对科技创新型企业的股权融资，更多地投长、投早、投小、投创新。引导建立支持技术研发的多层次投资渠道。鼓励各地加大科技创新专项资金支持力度，用于普惠型科技创新投入。通过政府引导基金、银政企合作贴息、知识产权质押融资风险补偿基金、科技信贷基金、科技和知识产权保险资助等方式来支持技术创新。

2.建设平等保护投资者利益的资本市场

大力强化投资者利益保护制度。持续深化以信息披露为核心的股票发行注册制改革。大力强化对IPO环节和已上市公司的信息披露要求和审核力度。鼓励和规范上市公司现金分红。加大

对内幕交易、股价操纵、财务造假的惩罚力度。严格实施退市制度，对触及退市标准的坚决予以退市。健全股票市场民事损害赔偿制度。因财务造假、大股东恶意过错导致的公司退市并造成投资者利益损失的，应由大股东、中介机构、公司主要管理人、相关财务人员承担对投资者的赔偿责任。

3.建设供给有效的技术市场

着力增加技术市场的科技供给，完善科技成果转化机制。强化应用技术研发过程中的市场需求导向，切实减少科技成果转化过程中的繁文缛节。加大科研资源支持力度，畅通国家科研资源开放渠道。推动国家重大科研基础设施和大型科研仪器向高新技术创新主体开放，鼓励创新主体参与国家级创新平台建设、国家重大科技战略和重大技术创新项目。

4.健全适应自主创新的知识产权保护制度

完善专利法、著作权法的相关配套法规。制定出台知识产权侵权惩罚性赔偿指南，对恶意侵权、长时间持续侵权等行为，严格执行侵权惩罚性赔偿制度，建立知识产权侵权快速处置机制。制定药品专利保护、商业秘密保护等知识产权保护规则，优化专利、商标等申请和审查程序，大幅压缩审查时间。

（二）建设服务低碳经济、交易活跃的资源环境权益交易市场，健全市场制度

1.着力健全资源环境权益市场制度

加快推动和完善资源环境权益交易的初始确权。科学量化核算地区用能权、碳排放权等权益总配额。在初始确权过程中体现行业差异和企业个体差异，以创造用能权配额的交易空间。着力提升我国对资源环境权益的统计、监测和确认能力。制定用能权、碳排放权有偿使用和交易实施细则。理顺用能权交易、碳排放权交易、节能量交易之间的制度衔接，避免市场主体重复购买碳排放权、用能权等资源环境权益要素。鼓励试点地区进行差别化探索、敢于创新，建立激励和容错机制。

2.不断拓展资源环境权益市场主体和交易对象的覆盖范围

不断创新和丰富交易对象、计量和确权方法，将可再生能源、碳汇等优质产品纳入碳排放权市场。逐步将服务业和农业企业纳入用能权、碳排放权市场。逐步将中小市场主体纳入资源环境权益市场。逐步将资源环境市场由地方试点市场扩展为地区性、全国性交易市场。

3.加快完善资源环境权益市场监管体系

制定用能权、碳排放权有偿使用和交易的相关法律，明确

用能权、碳排放权的法律地位，明确资源环境权益市场交易、监测、核查、信息公开和监管等法律责任。建立健全用能权监测、报告、核查技术体系，制定统一的用能数据核算标准、指南、操作细则。建立第三方审核机构+政府监管机构抽查制度，保障用能数据的可比性和准确性。

（三）建设服务数字经济和平台经济的数据要素市场，完善市场监管

1.积极培育市场主体，创新数据交易模式

支持引导电信、金融、交通、信用、消费互联网、工业互联网等数据密集型行业平台和企业积极参与数据要素市场交易。建立线上与线下有机结合的数据交易组织方式，培育壮大一批综合性大数据交易中心和专业性大数据交易平台，开展面向场景应用的数据交易市场试点，鼓励大数据交易平台之间、产业链上下游之间进行数据交换和互联互通，加强地区间、部门间数据共享交换。

2.建立健全数据要素市场交易制度与规则

确立数据要素产权制度，加快制定出台《数据产权法》。加快制定出台《数据安全法》《个人信息保护法》等数据安全保护法律，完善数据分级分类管理制度，完善个人信息授权制度，在数据采集方面切实保护用户权利。创新数据资产估值、数据交易定价、数据成本和收益计量等方法，完善数据交易的技术保障、

检测认证、风险评估、信息披露和监督审计等相关制度，规范数据资产交易流通行为。加强数据交易标准建设，建立完善数据资源及应用分级分类标准化制度体系。研究制定交易流通、跨境传输等基础制度和标准规范，积极参与数字领域国际规则和标准制定，推动数据资源开发利用。加强数据标准研制、试验验证和试点示范，构建大数据标准化创新和服务生态，提升数据资源价值和数据产品质量。

3.健全新业态包容审慎监管制度

探索轻微违法违规行为容错机制，对新业态企业建立"免罚清单"机制，实行"首次不罚"或"首次轻罚"。遵照鼓励创新、平等保护各方利益的原则，推动完善平台企业垄断认定、数据收集使用管理、消费者权益保护等方面的法律规范。完善监管方式和监管工具。推进"互联网+监管"和"大数据+监管"等新型智慧监管方式的运用，推进线上监管（非现场监管）与线下监管（现场监管）无缝衔接，实现重要监管业务在线办理、及时处置。建设全国市场监管大数据中心，强化数据统一归集共享，加强数据深度挖掘和分析研判，依托大数据开展监管政策分析、模拟和评估。全面推行"双随机、一公开"监管，建立健全行业监管部门与综合监管部门的协调配合机制。规范监管机构的自由裁量权，杜绝选择性执法、多头执法或监管标准不一等行为。

（四）建设适应产业结构转型与新经济的劳动力和人力资源市场，扩大市场开放

1.建设灵活用工、弹性就业、共享用工、在线用工的新型劳动力市场

推动"互联网+"等新兴信息技术在人力资源市场广泛应用，提高识别、搜寻、匹配、撮合交易服务的效率。加快建设一批有规模、有辐射力、有影响力的人力资源市场交易平台。建立健全平台经济下的人力资源市场监管体系，强化对互联网数字平台的社会性监管，保护劳动者合理薪酬、社保福利待遇等合法权益。推动劳动力和人力资本高效配置。除超大、特大城市外，探索实行户籍准入年限累计互认，试行以经常居住地登记户口制度。完善全国统一的社会保险等公共服务平台，推动社保转移接续互认。

2.建设更好服务科技创新的人力资源市场

发挥人力资源市场促进人力资源优化配置作用，推动"人口红利"向"人才红利"转变。实施急需紧缺人才目录开发项目，引导人才向创新发展急需领域流动。围绕国家重大发展战略、重点工程和重大项目等方面，实施特殊急需人才配置的专项支持。建立健全人才顺畅流动配置机制，简化优化特殊急需业务骨干和基础人才调配工作流程。鼓励中西部地区建立高级人才"柔性

引进"方式。允许和鼓励高级人才通过兼职、项目合作、合作办学、专项咨询服务等多种形式为中西部地区提供智力服务，放开对高级人才兼职、项目合作、办学等行为的限制。简化优化流动人员的人事档案管理服务工作，促进人才合理流动有效配置。

3.加快扩大服务市场开放水平

一是加快扩大社会服务业市场开放。以医疗、教育、托幼、养老、环保、市政等领域为重点，减少市场准入限制，取消对营利性医疗、教育等机构在证照办理、设备购置等方面的不合理限制，下放审批权限，简化、优化审批流程。实施设立中外合资合作非营利性医疗机构试点，试点开展外商开办养老机构。在现有服务业扩大开放综合试点基础上，逐步将服务业开放推广至全国，大幅提升服务业供给水平。

二是有序扩大金融服务业市场开放。支持社会资本依法进入银行、证券、资产管理、债券市场等金融服务业。允许在境内设立外资控股的合资银行、证券公司及外商独资或合资的资产管理公司，统筹规划银行间与交易所债券市场对外开放。

（五）加快推进高标准市场基础设施建设

1.推进物联网等市场大动脉建设

推动市场基础设施互联互通。持续完善综合立体交通网络，加强新一代信息技术在铁路、公路、水运、民航、邮政等领域的应用，提升运输效率。推动第五代移动通信、物联网、工业互联网等通信网络基础设施，人工智能、云计算、区块链等新技术基础设施，数据中心、智能计算中心等算力基础设施建设。打造一批物联网产业基地、物联网技术应用、智能物流示范项目。进一步推动城乡接合部、县域和农村物流网络和商贸基础设施建设。

2.建设高标准市场交易平台

推动互联网医疗、在线教育、在线办公、网上办事等新型服务平台发展。建设"智慧商店"、"智慧商圈"、智能消费综合体验馆。打造具有全球影响力的大宗商品期货交易平台。不断完善期货交易平台规则体系，加快交割仓库全球布局。支持上海期货交易所、大连商品交易所、郑州商品交易所做大做强，建立能够客观反映亚太地区乃至全球市场供求关系的基准价市场，实现由国内定价中心→亚太区域性定价中心→全球定价中心的战略转变。鼓励具备条件的资源型地区依托现有交易场所，探索建设区域性能源资源交易中心。

（六）全面完善市场体系基础制度

1.完善平等保护产权制度

强化对非公有制经济财产权的法律保护，全面清理对不同所有制经济产权区别对待的法律法规政策。完善涉企产权保护案件的申诉、涉产权冤错案件依法纠正等机制。健全农村集体产权制度。全面推开农村集体产权制度改革试点，完善农村集体产权确权和保护制度，分类建立健全集体资产清产核资、登记、保管、使用、处置制度和财务管理监督制度。规范农村产权流转交易，防止集体经济组织内部少数人和外部资本侵占、非法控制处置集体资产。

2.完善公平竞争制度

强化公平竞争审查制度刚性约束。建立公平竞争审查投诉、公示、抽查制度。分行业、分领域细化纳入审查范围的政策措施类别，完善竞争审查标准。加强和改进反垄断与反不正当竞争执法。制定专项领域反垄断指南、豁免制度适用指南。加强平台经济、共享经济等新业态领域的反垄断和反不正当竞争规制。

参考资料

胡敏,2019.高质量发展要有高标准市场体系[N].学习时报,2019-12-11.

刘世锦,2020.构建高标准要素市场体系 发挥配置资源决定性作用[N].经济日报,2020-4-11.

刘世锦,2014.关于发展现代市场体系的两个问题[J].国家行政学院学报(4).

刘泉红,2020."十四五"时期我国现代市场体系建设思路和关键举措[J].经济纵横(5).

中共中央办公厅,国务院办公厅,2021.建设高标准市场体系行动方案[R].2021-1-31.

曾铮,2020.以高标准市场体系建设和高水平对外开放促进形成新发展格局[N].光明日报,2020-11-3.

周适,2021.高标准市场体系建设研究[J].中国物价(8).

周适,2020.我国大宗商品市场体系建设的理论逻辑——更好服务和引领实体经济发展[J].价格理论与实践(11).

第十一章 以构建完善数字经济公平竞争基础制度全面激发我国数字经济发展的澎湃动能

王 磊

内容提要： 公平竞争是现代市场经济的灵魂和本质特征，是推动数字经济高质量发展的关键前提和重要手段，公平竞争基础制度则是数字经济治理体系的重要组成部分，是数字经济市场有序平稳运行重要的基础保障。构建完善数字经济公平竞争基础制度，对促进数字经济健康发展、维护数字社会和谐稳定，实现国家治理体系和治理能力现代化意义重大。要深刻把握构建完善数字经济公平竞争基础制度的重要性和必要性，坚持系统观念和问题导向，统筹平衡好发展和安全、效率和公平、活力和秩序、中央和地方、国内和国际等五组关系，从理论研究、规则建设、协同治理、手段创新、竞争文化等五个方面发力，全面完善数字经济公平竞争治理基础制度，提升数字经济公平竞争治理效能，力争将治理效能转化为数字经济发展潜力和动能，全面增强数字经济发展国际竞争力。

关键词： 数字经济；公平竞争；基础制度；治理现代化

践行中国式现代化
行动与愿景

　　公平竞争是现代市场经济的灵魂和本质特征，是推动数字经济高质量发展的关键前提和重要手段，公平竞争基础制度则是数字经济治理体系的重要组成部分。以习近平同志为核心的党中央高度重视数字经济公平竞争基础制度建设，着力维护数字经济公平竞争市场秩序，围绕提高我国数字经济竞争治理体系和治理能力现代化水平，作出了一系列重大决策部署，不仅将其视为优化数字经济发展生态，全面激发数字经济发展活力，推动我国数字经济高质量发展的战略举措，还将其作为助推经济社会全方位数字化转型，推进国家治理体系和治理能力现代化的关键手段。然而，在全国统一大市场建设和加快数字化发展背景下，适应数字经济发展的规则制度体系有待健全，公平竞争基础制度仍需健全完善、治理能力仍需持续提高。

　　为此，党的二十大报告进一步强调，要构建高水平社会主义市场经济体制，完善产权保护、市场准入、公平竞争、社会信用等市场经济基础制度，加强反垄断和反不正当竞争，破除地方保护和行政性垄断，依法规范和引导资本健康发展。深入贯彻党的二十大精神，应从加快建设数字中国和网络强国的战略和全局高度，准确把握和认识加快高标准构建完善我国数字经济公平竞争基础制度和治理体系的重要意义，聚力推进法治化规范化数字经济公平竞争市场秩序建设，着力打造高效规范、公平公正、自由开放、活力有序、预期稳定的数字经济市场运行环境，支持引导各类数字经济市场主体发展更加规范、运营更加合规、创新更加活跃、信心更加稳定,进而促进数字经济整体实现更高质量、更可持续、更加开放、更为安全的发展。

一、构建完善数字经济公平竞争基础制度的重大意义

公平竞争治理是国家加强数字经济治理、促进数字经济规范健康持续发展的重要手段。构建完善数字经济公平竞争基础制度,增强数字经济公平竞争治理效能,事关数字经济健康发展,事关数字社会和谐稳定,事关国家治理现代化,是我国站在新时代历史方位上直面矛盾、继往开来、兼顾当前、谋划长远的重大战略抉择。

一是构建完善数字经济公平竞争基础制度有利于促进数字经济规范健康发展。习近平总书记指出,"这些年来,我国数字经济发展较快、成就显著"。截至2022年,我国数字经济规模体量已连续多年创出历史新高,并稳居全球第二,是引领全球数字技术创新和数字经济发展举足轻重的力量。但是也要看到,诸如垄断、不正当竞争、低水平竞争、重复竞争、恶性竞争、资本无序扩张、平台生态闭锁、平台使用成本上升等问题导致数字经济发展环境日益恶化,妨碍数字经济市场循环畅通和新发展格局构建,迫切需要加强竞争治理,维护好数字经济公平竞争市场秩

践行中国式现代化
行动与愿景

序。面对新形势新任务新挑战，必须通过加快构建完善数字经济公平竞争基础制度，提升数字经济竞争治理效能，破除垄断和市场封锁等制约数字经济市场良性运行的堵点塞点淤点，打造法治化、市场化、国际化数字经济营商环境，促进大中小数字企业融通发展，持续释放数字经济强大潜能和创新动能，让数字经济真正实现规范健康持续发展，从而为我国经济社会高质量发展和中国式现代化注入不竭动力。

二是构建完善数字经济公平竞争基础制度有利于维护数字社会安定和谐稳定。习近平总书记指出，"互联网日益成为创新驱动发展的先导力量，深刻改变着人们的生产生活，有力推动着社会发展"。截至2022年6月，互联网基础建设全面覆盖，实现"县县通5G、村村通宽带"；互联网网民规模为10.51亿，互联网普及率达74.4%，其中，城镇网民规模为7.58亿，城镇地区互联网普及率为82.9%；农村地区网民规模为2.93亿，农村地区互联网普及率达58.8%；手机网民规模为10.47亿，网民中使用手机上网的比例为99.6%，进而培育形成了全球网民规模最为庞大、发展动能生机勃发的数字社会。然而，这在极大改善人民群众生活的同时，也伴生甚至加剧了资本无序扩张、贫富分化、数字鸿沟、系统性风险、算法歧视等诸多新型社会问题，在一定程度上影响了社会公平正义与和谐稳定。因此，构建完善数字经济公平竞争基础制度，提升数字经济竞争治理效能，有助于从源头上根除系统性风险、数字鸿沟等割裂社会问题产生的根源，切实维护

第十一章
以构建完善数字经济公平竞争基础制度全面激发我国数字经济发展的澎湃动能

广大人民群众的合法权益和社会公共利益，同时还有助于引导数字经济更好服务国计民生，赋能经济社会数字化转型，让数字经济发展红利更好惠及广大人民，从而为打造更加安定、更加和谐、更加稳定的数字社会提供强有力保障。

三是构建完善数字经济公平竞争基础制度有利于推进国家治理体系和治理能力现代化。习近平总书记指出，"国家治理体系和治理能力是一个国家制度和制度执行能力的集中体现"。数字经济治理体系是国家治理体系的重要组成部分，而构建完善数字经济公平竞争基础制度则是健全完善数字经济治理体系的核心内容。加快形成与符合数字经济发展阶段和市场演变形态相适应的公平竞争基础制度，是有效提升我国数字经济治理效能的内在要求，更是推进国家治理体系和治理能力现代化的应有之义。总体来看，构建完善数字经济公平竞争基础制度，可以进一步厘清政府、市场和社会的作用边界，使政府在促进公平竞争、鼓励创新发展、保护消费者权益等方面发挥更加积极的作用，有效提升政府的数字经济治理水平和治理效能。同时，还可以探索建立健全与数字经济规范健康发展相适应的治理制度和规则，逐步提升我国在全球数字经济竞争治理领域的话语权和影响力，为我国数字经济高质量发展创造良好内外部环境。

二、构建完善数字经济公平竞争基础制度需坚持系统观念和问题导向,统筹平衡好五组关系

数字经济市场是一个动态复杂、利益多元、创新频繁、线上线下融合化的庞大经济系统,构建完善数字经济公平竞争基础制度是一个任务艰巨复杂的重大工程。应坚持深入贯彻落实党的二十大精神,坚持系统观念和问题导向,加强整体谋划,统筹平衡好五组关系,确保数字经济"管得住、治得好、长得优"。

一是统筹平衡好发展和安全的关系。改革开放40多年的经验表明,发展是硬道理,安全也是硬道理。构建完善数字经济公平竞争基础制度,推进数字经济竞争治理体系和治理能力现代化必须统筹平衡好发展和安全这两件大事,坚持发展和规范并重,在发展中规范、在规范中发展,最大限度地释放数字经济"治理红利"。一方面,只有充分依托公平竞争基础制度,全面激发数字经济发展潜能,实现数字经济的大发展、大繁荣以及国际竞争力的提升,才能更好保障国家总体安全;另一方面,只有及时纠正和治理垄断、资本无序扩张等数字经济发展过程中一些不健康、不规范问题,守好国家安全的底线红线,才能形成更加良好的发展环境和稳定的市场预期,促进数字经济高质量发展。

第十一章
以构建完善数字经济公平竞争基础制度全面激发我国数字经济发展的澎湃动能

二是统筹平衡好效率和公平的关系。当前，我国已经步入在高质量发展中实现共同富裕的新阶段。如何在促进数字经济高效发展同时更好推进共同富裕，找准效率提升与公平正义的平衡点，是新阶段做大做强做优数字经济面临的重大课题。一方面，要通过构建完善数字经济公平竞争基础制度，破除数字经济发展的体制机制障碍，营造国际一流数字经济营商环境，增强市场主体活力，提升资源配置效率，支撑打造现代化经济体系和构筑新发展格局；另一方面，还要通过构建完善数字经济公平竞争基础制度，有效遏制垄断、资本无序扩张、数字平台的监管套利和寻租行为等带来的数字经济发展利益分配失衡问题，切实处理好数字平台、平台内经营者以及消费者等各类市场参与者之间的利益关系，使得数字发展红利惠及广大人民群众，维护好社会公平正义。

三是统筹平衡好活力和秩序的关系。激发发展活力与维护良好秩序是优化我国数字经济竞争基础制度，推进数字经济公平竞争制度创新的两个重要目标，两者是辩证统一的有机体，而非非此即彼或此消彼长的矛盾关系。构建完善数字经济公平竞争基础制度为数字经济市场主体创造力的迸发和潜力的发挥提供了基本前提。没有有效的监管治理和公平的市场秩序，就没有数字经济健康发展的活力。反之，数字经济市场主体创造力和活力的竞相释放，也有利于破解垄断等诸多监管难题和矛盾，是推进数字经济市场秩序更加健康有序和激励政府提升数字经济治理效能的重要方式。

四是统筹平衡好中央和地方的关系。我国各地区数字经济发展不平衡不充分，面临的竞争治理问题和发展诉求各有不同。构建完善数字经济公平竞争基础制度，必须着眼于全国统一大市场建设要求，强化整体谋划、通盘考虑、正确处理中央和地方、全局和局部、当前和长远的关系，科学把握"统"与"分"、"放"与"管"、"条"与"块"、"块"与"块"、"事"与"财"、"权"与"责"，加快形成从中央到地方权责清晰、上下联动、条块结合、运行顺畅、充满活力的数字经济公平竞争治理工作体系，充分发挥中央和地方两个积极性，共同做好数字经济规范健康发展这篇大文章。

五是统筹平衡好国内和国际的关系。当前，数字经济竞争治理正成为全球治理重要的新议题。构建完善数字经济公平竞争基础制度，必须统筹处理好国内监管和国际治理的关系，不能将国内监管与国际治理割裂开来，使得两者相互促进、协同推进。一方面，要充分吸收和借鉴国际先进经验，优化我国数字经济竞争治理规则和政策框架，引导数字经济服务于经济社会发展大局，服务好国家竞争力和全球治理话语权的提升；另一方面，要积极参与和推动全球数字经济竞争治理交流和合作，在重大经贸合作框架和议题中，力争将我国数字经济竞争治理规则和方案纳入其中，提升我国在数字经济竞争治理领域的话语权和影响力。

三、构建完善数字经济公平竞争
基础制度的关键着力点

构建完善数字经济公平竞争基础制度,应以习近平新时代中国特色社会主义思想为指导,深入贯彻党的二十大精神,准确把握数字经济市场运行和竞争的本质特征和基本逻辑,着力强化竞争政策的基础性地位,优化数字经济公平竞争制度框架,持续构建事前、事中、事后全链条的数字经济公平竞争制度体系,全面提升数字经济竞争治理效能,推动数字经济不断做大做强做优,持续发展数字生产力,增强数字经济核心竞争力。

一是要深化理论研究,增强对数字经济公平竞争治理内在规律的认识。一方面,应加强对数字经济竞争治理重大理论和实践问题研究,重点加强数字经济竞争治理的依据、内涵、理念、原则和方法等的研究,正确认识数字经济市场运行的特征以及竞争方式变革的内在逻辑,准确把握数字经济市场结构与技术创新之间、发展与监管之间、产业政策与竞争政策之间的关系,抓紧研究形成有中国特色、科学有效的数字经济市场与竞争理论体系。另一方面,要加强数字经济市场竞争调查研究工作,提高对新型数字经济垄断和不正当竞争行为的甄别和判定能力,更好发挥调查研究的监管决策依据和治理工具功能。

二是要完善治理规则，夯实数字经济公平竞争基础制度法治根基。一方面，加快完善以《反垄断法》《反不正当竞争法》《电子商务法》等为主体的数字经济公平竞争治理的基础性法律法规，夯实竞争政策的基础性地位，同时以数字经济领域"放管服"改革为抓手，大力优化数字经济市场准入和退出监管规则，尽快明确资本"红绿灯"。另一方面，针对金融、科技、内容、安全、民生等重点领域，紧扣人工智能、数据、算法、资本、技术、行为等市场竞争关键要素，加快制定数字经济分领域竞争监管的相关指南和实施细则，完善相关道德伦理规范，确保数字企业形成正确的数字伦理价值观。此外，还应根据数字经济发展规律分类健全完善公平竞争审查制度，减少各级政府部门对市场的不当干预。

三是要强化协同治理，持续提升数字经济公平竞争制度的效力和效能。一方面，要加快优化数字经济竞争监管体制机制，有序推动反垄断执法事权下放，构建纵向联动、横向协同的数字经济竞争监管体制。另一方面，探索完善跨部门、跨区域、跨领域的数字经济竞争协同监管机制，实现违法线索互联、监管标准互通、处理结果互认，消除监管盲点，降低监管成本。此外，还应探索形成政府、市场、社会多元主体协同、共享共治的数字经济竞争治理新格局。

四是要加强治理创新，不断运用数字科技来丰富数字经济公平竞争治理工具箱。一方面，依托5G、互联网、大数据、人工智能、区块链等数字技术，大力推进竞争数字经济治理手段创新，积极运用监管沙箱、敏捷监管等智慧治理新工具，提高竞争治理的精准性和及时性。另一方面，全面推行"双随机、一公开"监管，充分发挥新型信用监管功能，健全信用激励约束和失信联合惩戒机制，强化数字企业主体责任意识，提升监管激励性和包容性。

五是要加强竞争倡导，营造数字经济公平竞争协同治理的社会氛围和文化。一方面，在加强竞争监管的同时，发挥好典型案件的示范警示作用和竞争倡导功能，增强各类市场主体的公平竞争法律意识。另一方面，支持和引导数字经济企业建立和加强竞争合规管理制度，培育竞争合规文化，有效防范反垄断和反不正当竞争法律风险，保障自身持续健康规范发展。

参考文献

习近平,2022.不断做强做优做大我国数字经济[J].求是(2).

国家发展和改革委员会,2022.数字经济干部读本[M].北京:党建出版社.

CNNIC,2022.第50次中国互联网络发展状况统计报告[R].2022-8-31.

王磊,杨宜勇,2022.数字经济高质量发展的五大瓶颈及破解对策[J].宏观经济研究(2).

王磊,欧阳慧,2022.首部国家级专项规划系统谋划数字强国新篇章[J].瞭望周刊(4).

王磊,王丹,2022.如何破解数字经济市场良性运行的堵点塞点淤点[J].瞭望周刊(20).